KB144564

누구보다 리버풀 전문가가 되고싶다

누구보다 리버풀 전문가가 되고싶다

초판 1쇄 펴낸 날 | 2018년 11월 2일
초판 2쇄 펴낸 날 | 2019년 6월 21일

지은이 | 이성모
펴낸이 | 홍정우
펴낸곳 | 브레인스토어

책임편집 | 이상은
편집진행 | 양은지
디자인 | 참프루, 이유정
마케팅 | 이수정

주소 | (04035) 서울특별시 마포구 양화로7안길 31(서교동, 1층)
전화 | (02)3275-2915~7
팩스 | (02)3275-2918
이메일 | brainstore@chol.com
페이스북 | http://www.facebook.com/brainstorebooks

등록 | 2007년 11월 30일(제313-2007-000238호)

ISBN 979-11-88073-30-6 (03690)

이 도서의 국립중앙도서관 출판시도서목록(CIP)은 서지정보유통지원시스템 홈페이지(http://seoji.nl.go.kr)와 국가자료공동목록시스템(http://www.nl.go.kr/kolisnet)에서 이용하실 수 있습니다.(CIP제어번호: CIP2018033095)

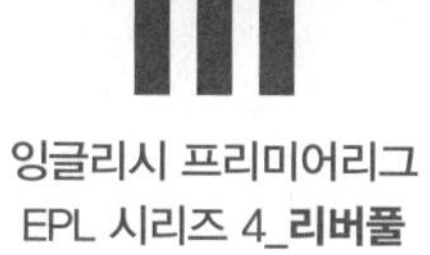

잉글리시 프리미어리그
EPL 시리즈 4_**리버풀**

누구보다 리버풀 전문가가 되고싶다

이성모 지음

작가의 말

누구보다 리버풀 그리고 프리미어리그전문가가 되고 싶은 분들께

위 사진은 페이슬리 게이트와 샹클리 동상이 있는 안필드 정문의 반대편, 샹클리 게이트(사진의 오른쪽) 부근의 모습입니다. 사진만 봐서는 별다른 감흥이 없죠? 어쩌면 독자분들 중에는 왜 별 의미 없는 사진을 책의 서두에 소개할까 석연치 않게 생각하는 분들이 계실지도 모릅니다.

그러나 만약 저 사진의 왼쪽에 크게 보이는 집이 사실 아주 중요한 의미를 담고 있는 집이라고 하면 어떨까요? 저 집은 이 책의 1챕터에서 소개할 리버풀 창설 당시, 에버턴 회장 출신으로 리버풀을 창설했던 주인공인 존 호울딩이 직접 살았던 집입니다. 이 부근의 모든 집이 다 재개발되었지만, 리버풀과 안필드의 뿌리가 되는 인물이었던 호울딩의 집은 지금도 그대로 남아서 샹클리 게이트 바로 맞은편에 살아 숨쉬고 있는 것이죠.

이 이야기를 책의 서두에 소개하는 이유는, 제가 이 책을 통해서 한국의 리버풀 팬분들께 전하고 싶었던 이야기들이 바로 이런 것들이기 때문입니다. 지금 이 책을 두 손에 잡고 읽고 계시는 분들 중에 앞으로 안필드를 방문하실 예정이 있는 분이 있다면, 샹클리 게이트를 찾아가실 때 저 집을 그냥 지나치지 마시고 '바로 저 곳에서 살았던 남자로 인해 리버풀이 탄생했고 그래서 그 집이 지금도 안필드 바로 옆에 자리 잡고 있다'라는 사실에 남다른 감흥을 느끼실 수 있을 것이라고 생각합니다.

고백하자면 〈누구보다 프리미어리그 전문가가 되고 싶다〉 시리즈를 첼시, 맨유, 아스널, 리버풀의 순으로 집필한 이유 중 한 가지는 리버풀의 역사 속에 그 어떤 클럽들에 비해서도 아픔과 어려움이 많았기 때문이었습니다. 불과 4년 사이에 헤이젤 참사와 힐스보로 참사를 연거푸 겪었고, 그럼에도 쓰러지지 않고 계속되고 있는 리버풀의 역사를 조사하고 정리해서 전달하는 일은 되도록 가장 마지막에 하고 싶었습니다.

이 책의 저술 과정 중 직접 안필드를 방문해서 취재한 내용을 담을 수 있었고, 또 리버풀 역사를 오랫동안 지켜본 사람들과 만나 그들의 기억을 소개할 수 있었던 것은 작가로서의 작은 보람이었습니다.

리버풀은 1992년 프리미어리그 출범 이후 안타깝게도 아직 리그 우승과 인연을 맺지 못하고 있지만, 프리미어리그의 그 어떤 클럽보다도 열정적이고 강한 팬덤을 보유하고 있는 클럽입니다. 지금 이 책을 읽고 있는 여러분도 대부분 그 일원이겠지요. 저는 '96'장으로 마감한 이 책을 통해 여러분이 '그 이유가 무엇인지' 훨씬 더 자세히 이해할 수 있을 것이라고, 그리고 전보다 더 리버풀이라는 클럽에 대한 자부심을 느끼실 수 있을 것이라고 자신합니다.

더불어 한 가지 부탁드릴 것이 있다면, 이 책을 다 읽으신 후에 앞서 출간된 다른 세 클럽의 책도 함께 읽어 주시길 부탁드립니다. 리버풀의 팬들께서 맨유, 아스널, 첼시의 역사에 대해서도 알게 된다면 두 클럽의 경기를 보실 때의 긴장감과 이해가 더 깊어질 것이라고 생각하기 때문입니다.

이 책의 저술 과정에서 최보경 님, 최용석 님, 김성민 님 세 분의 한국 리버풀 팬들께 책의 일부 내용을 보여드리고 피드백을 받는 등의 도움을 받았습니다. 작가의 입장이 아닌 팬의 입장에서 봤을 때 부족한 내용은 없는지, 더 궁금한 부분은 없는지 등을 묻기 위함이었습니다. 기꺼이 도와주신 세 분께 감사를 드립니다. 또 SNS 상에서 몇 차례 책에 대한 의견을 여쭤봤을 때 많은 의견 보내 주신 모든 축구팬분들께 감사드립니다(제라드에 관련된 사연의 경우 의견을 보내 주신 분들이 너무 많아 특정 한 분의 의견을 소개하기보다 이곳을 통해 모든 분들께 인사를 전하기로 했습니다).

끝으로, 이 멋지고 원대한 시리즈의 저술을 저에게 맡겨 주신 브레인스토어의 홍정우 대표님, 4권의 책이 나올 때까지 편집 및 디자인 작업을 도와주셨던, 또 책의 홍보에 힘써 주신 모든 분들께 감사의 인사 올립니다.

2018년 10월

이성모

2005년 5월 25일 이스탄불

AC 밀란에 전반전에만 세 골을 내준 후 제라드의 골을 시작으로 후반전에 세 골을 따라 붙은 리버풀 선수단이 우승자를 결정 지을 승부차기를 준비하고 있을 무렵, 리버풀의 레전드 수비수 캐러거가 그 경기의 골키퍼였던 두덱에게 열정적으로 뭔가 말하는 장면이 중계 카메라에 잡혔다.

잠시 후 시작된 승부차기에서 두덱은 마치 골라인 앞에서 춤을 추는 듯 현란한 동작을 선보이며 AC 밀란의 첫 번째 키커 세르징요의 실축을 이끌어 냈다. 이어서 두덱은 AC 밀란의 두 번째 키커 피를로, 다섯 번째 키커 셰브첸코의 페널티킥까지 연거푸 막아 내며 '이스탄불의 기적'을 완성해 냈다.

과연 승부차기가 시작되기 직전, 캐러거는 두덱에게 어떤 말을 했던 것일까?

두 사람은 그 순간 다른 클럽이 아닌 리버풀의 한 골키퍼가 21년 전 거의 같은 장면(유로피언컵 결승전)에서 보여 줬던 행동을 떠올리며 대화를 나눴고, 그 덕분에 유럽 최고의 대회에서 우승을 확정 지을 수 있었다. 리버풀이 유럽 정상을 호령했던 시절의 '역사'가 그들의 '현재'를 이끌어 준 순간이었던 셈이다.

리버풀은 그런 클럽이다. 빌 샹클리, 밥 페이슬리, 케니 달글리쉬, 그리고 스티븐 제라드까지 이어지는 위대한 역사와 그 사이에 그들에게 닥쳐 왔던 비극을 이겨 내며 그 어떤 클럽보다도 강한 연대 의식으로 함께 새로운 영광을 위해 도전하는 클럽. 그래서, 현재의 시련이 아무리 길더라도 언제까지고 포기하지 않고 지지해 줄 최고의 서포터들을 가진 클럽.

120년을 넘는 그들의 역사는 지금도 안필드 옆에 그대로 남아 있는 집에서 살았던 한 남자와 안필드, 바로 그곳에서 시작되었다.

차례

작가의 말 / **4**

들어가는 글 / **8**

Chapter 1. 1892~1919년

리버풀의 창단과 초창기

1. 1892년, 리버풀의 창단과 에버턴과의 관계 / **18**
2. 리버풀의 창립자, 존 호울딩과 '이름 없는 '영웅' / **21**
3. '노동자들을 위한 축구장' 안필드 비하인드 스토리 / **24**
4. 리버풀을 만든 또 한 명의 주인공, 존 맥케나 / **27**
5. 1893/1894시즌 '무패우승'과 맨유와의 첫 대결, 그리고 1부 리그 승격 / **28**
6. 1893년 4월 22일, 첫 번째 '머지사이드 더비' / **30**
7. 1896년, 리버풀 최장수 감독, 톰 왓슨 감독 부임 / **32**
8. 1901년, 리버풀의 첫 '슈퍼스타' 탄생과 첫 리그 우승 / **34**
9. 1906년, 레전드 골키퍼 샘 하디와 두 번째 리그 우승 / **36**
10. 1906년, '스파이온 콥' 스탠드 건축 / **37**
11. 1914~1915년, 첫 FA컵 결승전과 승부 조작 스캔들 / **40**

Chapter 2. 1920~1959년

1. 2차 세계대전 전후의 리버풀과 '리델풀'

12. 1922~1923년, '리샤의 전설'과 2년 연속 리그 우승 / **44**

13. 1925년, 레전드 공격수 고든 호지슨 입단 / **46**

14. 1928년, 스파이온 콥 개・보수 작업 / **48**

15. 1936년, 조지 케이 감독의 부임과 '맨유 명장' 맷 버즈비의 리버풀 입단 / **49**

16. 1938년, '리델풀'의 주인공 원클럽맨 빌리 리델 입단 / **51**

17. 1946/1947시즌, 2차 세계대전의 종식과 리그 우승 / **53**

18. 1950~1952년, 최초의 '웸블리' 결승전과 안필드 최다 관중 경기 / **54**

19. 1954년 4월, 50년 만의 2부 리그 강등 / **56**

20. 1959년 1월, 리버풀 최악의 굴욕적 패배 / **56**

Chapter 3. 1959~1974년

빌 샹클리와 리버풀 시대의 서막

21. 1959년, 리버풀의 '절대자' 빌 샹클리의 리버풀 감독 부임 / **60**

22. 리버풀 감독 부임 이전의 샹클리와 그가 리버풀에 오기까지 / **62**

23. 리버풀의 자랑 '리버풀 부트 룸'의 탄생 / **66**

24. 1961/1962시즌, 두 레전드의 영입과 1부 리그 승격 / **67**

25. 1963/1964시즌, 샹클리 감독의 첫 리그 우승 / **69**

26. 리버풀 FC와 비틀즈 / **72**

27. 1964년 8월, 리버풀의 유럽 진출과 'All-Red 유니폼' / **75**

28. 리버풀과 'YNWA' / **77**

29. 1965년 5월, 리버풀의 첫 번째 FA컵 우승 / **80**

30. 1965/1966시즌, 또 한 번의 리그 우승과 첫 유럽 대회 결승전 / **82**

31. 1966/1967시즌, 샹클리 vs 크루이프 / **85**

32. 1967~1971년, 샹클리 체제 '무관'의 시절과 리빌딩의 시작 / **87**

33. 1971년, 케빈 키건의 입단과 리버풀의 '터닝포인트' / 90
34. 1972/1973시즌, 리버풀의 첫 유럽 대회 우승과 '더블' / 92
35. 1974년 5월 4일, FA컵 우승과 샹클리 감독의 은퇴 발표 / 95
36. 리버풀의 운명을 바꾼 남자, 빌 샹클리 / 96

Chapter 4. 1974~1985년

밥 페이슬리와 리버풀의 황금기

37. 1974년, '조용한 천재' 밥 페이슬리의 리버풀 감독 취임 / 104
38. 리버풀 감독 이전의 밥 페이슬리 / 105
39. 1976년 5월, 페이슬리의 첫 리그 우승 / 107
40. 1976년 5월, UEFA컵 우승 / 108
41. 1976/1977시즌, 10번째 리그 우승과 맨유와의 FA컵 결승전 / 110
42. 1977년 5월, 리버풀의 첫 유로피언 컵 우승 / 112
43. 1977년, '킹' 케니의 리버풀 입단 / 114
44. 1977년 12월, 케니 vs 키건, 슈퍼컵 우승 / 116
45. 1977/1978시즌, 페이슬리 vs 클러프, 노팅엄 포레스트와의 경쟁 / 117
46. 1978년 5월, 2년 연속 유로피언컵 우승 / 119
47. 1978/1979시즌, '85득점, 16실점' 11번째 리그 우승 / 121
48. 1979~1981년, 12번째 리그 우승, 첫 리그컵 우승과 이안 러쉬의 입단 / 123
49. 1981년 5월, 레알 마드리드 상대로 거둔 3번째 유로피언컵 우승 / 125
50. 1981/1982시즌, '시즌 중 주장 교체'로 이뤄 낸 13번째 리그 우승 / 127
51. 1982/1983시즌, 14번째 리그 우승 + 3년 연속 리그컵 우승 / 129
52. 밥 페이슬리, 정상에서 물러난 최고의 '덕장' / 130
53. 1984년, 또 한 명의 명장 조 페이건의 '트레블' / 132

Chapter 5. 1985~1998년

리버풀의 암흑기와 '킹' 케니

54. 1985년, 헤이젤 참사의 배경과 그 후폭풍 / **138**

55. 1985/1986시즌, '킹 케니'의 감독 데뷔와 '더블' / **142**

56. 1987/1988시즌, 존 반스 영입과 37경기 무패 행진 / **143**

57. 1989년 4월, 힐스보로 참사와 그 왜곡, 그리고 진실 / **145**

58. 1989년 5월, 에버턴과의 FA컵 결승전과 우승 / **150**

59. 1989년 5월, 안필드에서 마지막 순간에 내준 리그 우승 / **151**

60. 1989/1990시즌, 리버풀의 18번째 리그 우승과 퍼거슨호 맨유의 비상 / **154**

61. 1991년 2월, 케니 달글리쉬 감독 사임 / **156**

62. 리버풀의 '킹' 케니 달글리쉬 / **157**

63. 1991/1992시즌, 수네스 감독의 리빌딩 시작과 FA컵 우승 / **160**

64. 1992년 10월, OT에서 신기록을 달성한 이안 러쉬 / **162**

65. 1993/1994시즌, 로이 에반스 감독과 '스파이스 보이스'의 등장 / **163**

66. 1994년 4월 30일, '올드' 콥 스탠드와의 작별 / **165**

67. 1994~1996년, 파울러의 맹활약과 5번째 리그컵 우승 / **166**

68. 1996~1998년, 오웬&캐러거의 등장 / **168**

Chapter 6. 1998~2016년

'이스탄불의 기적'과 '캡틴' 제라드의 시대

69. 1998년, 울리에 감독 부임 / **172**

70. 1998년, 히피아 영입과 제라드 데뷔, 리버풀 리빌딩의 시작 / **175**

71. 1998년 11월 29일, 제라드의 리버풀 데뷔 / **176**

72. 2001년 2월, 리그컵 + FA컵 우승 / **179**

73. 2001년 5월, UEFA컵 우승과 '컵 트레블' 달성 / **181**

74. 2001년, 리버풀의 5관왕 달성과 울리에 감독의 발병 / **184**

75. 2002/2003시즌, 울리에 감독 최악의 영입과 실망스러운 시즌 / 186
76. 2002/2003시즌, 오웬-제라드의 맹활약과 리그컵 우승 / 187
77. 2003/2004시즌, 챔스 복귀와 울리에 감독의 퇴장 / 190
78. 2004년, 베니테즈 감독 부임 / 191
79. 2004/2005시즌, 리그컵 결승전과 올림피아코스전의 'Oh, you beauty!' / 193
80. 2005년 5월, 이스탄불의 기적 / 198
81. 두덱과 캐러거, 그리고 그로벨라. 이스탄불의 기적 '비하인드스토리' / 204
82. 2005/2006시즌, 제라드와의 재계약과 '제라드 결승전' 우승 / 207
83. 2006/2007시즌, 새 구단주의 리버풀 인수와 베니테즈 감독과의 갈등 / 209
84. 2007~2009년, 토레스 영입과 리그 우승 도전 / 211
85. 2009/2010시즌, 알론소의 이적과 베니테즈 감독의 마지막 시즌 / 212
86. 2010년 7월, 호지슨 감독 부임과 NESV의 리버풀 인수 / 214
87. 2011/2012시즌, 리그컵 우승, 그리고 리그 8위의 아픔 / 218
88. 2012년 6월, 로저스 감독 부임과 리빌딩의 시작 / 220
89. 2013/2014시즌, 리버풀이 리그 우승에 가장 가까웠던 시즌 / 222
90. 2014~2015년, 제라드의 마지막 시즌과 로저스 감독의 경질 / 227
91. 리버풀의 '심장' 제라드 / 228

Chapter 7. 2016년~

클롭과 포스트 제라드 시대

92. 2015년 10월, '노멀원' 클롭 감독 부임과 두 번의 결승전 / 234
93. 2016/2017시즌, 리그 최종전에서 확정 지은 챔스 복귀 / 237
94. 2017/2018시즌, '이집트 킹' 살라와 반 다이크 영입 / 238
95. 2018년 5월, 통한의 챔스 결승 / 239
96. 57년 만의 개막 후 6연승과 앞으로도 이어질 리버풀의 도전 / 243

부록 / 246

Standard
Chartered
11

CHAPTER 1.

1892~1919년

리버풀의 창단과 초창기

에버턴과 같은 뿌리에서 출발한 리버풀은 1892년 안필드 임대료에 얽힌 대립 끝에 새로운 구단으로 탄생한 이후 '리버풀'이라는 이름으로 오늘날에 이르고 있다. 리버풀의 길고 화려한, 또 그만큼 아픔도 많았던 역사의 초창기에는 오늘날 거의 잊혀졌지만 잊어서는 안 될 인물들과 그들의 이야기가 있었다.

Chapter1.

리버풀의 창단과 초창기
1892~1919년

1 | 1892년
리버풀의 창단과 에버턴과의 관계

리버풀의 '성지' 안필드. 이곳에 위치한 리버풀 박물관에 들어서면 가장 먼저 눈에 띄는 것은 파란색과 하얀색이 섞인 유니폼이다. 이 유니폼은 다름 아닌 리버풀의 첫 유니폼이었다. 그 어떤 팀보다도 강렬한 빨간색 유니폼을 상징으로 하는 리버풀이 파란색 유니폼을 사용했다니, 도대체 무슨 사연이 있는 것일까. 그 '파란색' 속에 리버풀의 역사를 이해하는 첫 번째 단서가 들어 있다.

리버풀이 공식적으로 창단된 해는 1892년이다. 그러나 리버풀의 '뿌리'는 그보다 조금 더 이전으로 거슬러 올라가는데, 리버풀과 머지사이드더비를 치르는 주인공인 에버턴이 그 주인공이다. 묘하게도 현재 최대 지역 라이벌로 꼽히는 구단이 사실은 자신의 뿌리인 셈이다. 그러므로 리버풀의 진짜 뿌리를 알기 위해서는 에버턴의 창립 배경 역시 알아야만 한다.

리버풀 박물관 입구에 전시된 리버풀의 첫 유니폼. '파란색'이라는 점이 중요한 포인트다.

에버턴은 1878년 '세인트 도밍고 FC'라는 이름으로 창단됐다. 그들의 창단 배경은 클럽이 최초로 사용한 이름에서 유추할 수 있는데, '세인트 도밍고'는 리버풀 내 에버턴 지역에 위치한 한 교회의 이름이었다. 1877년 이 교회의 관리 및 감독을 맡게 된 벤자민 스위트프 챔버스라는 남자는 교회 청년들을 위해 크리켓팀을 창단했고, 그들은 곧 크리켓을 할 수 없는 겨울에도 운동을 할 수 있는 방법을 찾던 중 축구팀도 만들게 되었다. 이렇게 창단된 클럽이 정식 축구팀으로 이름을 변경하고 오늘날까지 이어지고 있는 에버턴 FC다.

에버턴이 홈구장으로 안필드를 사용하기 시작한 것은 1884년이었다. 당시 그들은 안필드의 임대료로 1년에 100파운드를 지불하고 있었는데, 1888년 세계 최초의 축구 리그인 '풋볼리그'가 창설되고 에버턴이 그 원년 멤버로 대회에 참가하면서 상황이 바뀌었다. 팀의 위상이 달라지고 경기장을 찾아오는 관중도 점점 늘어나게 된 것이었다.

당시 리버풀의 저명한 사업가이자 정치인이었고, 에버턴의 회장인 동시에 안필드의 소유주이기도 했던 존 호울딩은 위와 같이 높아진 에버턴의 인기를 고려해 에버턴 이사진에 250파운드의 임대료를 낼 것을 요구했다. 그러나 에버턴 이사진에서는 호울딩의 요구에 반발하는 세력이 생겨났고, 결국 그들은 안필드 바로 옆에 있는 공원인 스탠리 파크의 다른 편 경기장으로 홈구장을 옮기게 되었다. 그렇게 에버턴이 현재까지 사용하고 있는 홈구장이 바로 1892년에 개장된 구디슨파크다.

이에 주인 없는 경기장을 소유하게 된 호울딩은 자신의 뜻을 지지했던 사람들과 함께 직접 안필드를 홈구장으로 쓰는 새로운 팀을 창설하기로 하고, 1892년 6월 3일 새 구단 창단에 대한 공식 인증을 받았다. 그렇게 해서 탄생한 팀이 곧 오늘날의 리버풀 FC다.

About Liverpool

에버턴과 리버풀이 분리된 배경에 대해서는 에버턴 이사진 내부의 정치적 성향의 차이, 종교의 차이 등도 거론되고 있으나 공식적으로 리버풀 구단이 인증한 서적, 다큐멘터리 등에서는 모두 일관되게 '임대료'를 이유로 밝히고 있다. 이 이야기의 다른 한 주체인 에버턴 측에서 공식 홈페이지를 통해 소개한 자료를 살펴보면, 에버턴 역시 같은 이유가 있었다고 소개하고 있지만 또 다른 한 가지 이유가 있었다고 설명하고 있다.간단히 설명하자면, 에버턴과 리버풀이 분리될 당시 에버턴 측의 이사진 중 다수가 그 시기 리버풀 지역의 사회적 문제로 대두되던 알코올 중독 근절 운동에 참여하고 있었는데, 그들의 회장이었던 호울딩은 양조업으로 성공한 자산가였다. 에버턴은 이 부분을 이유로 들어 그들의 결별은 필연적이었다고 부연 설명하고 있다.

이렇게 창단된 리버풀의 창단 배경은 『누구보다 첼시 전문가가 되고 싶다』에서 소개한 첼시의 창단 배경과도 매우 흡사하다. 리버풀 외 다른 구단의 역사에도 관심이 있는 독자들은 그 사연을 참고할 만하다.

2 | 리버풀의 창립자 존 호울딩과 '이름 없는 영웅'

이 남자가 아니었다면, 리버풀은 존재하지 않았을 것이다.

—리버풀 공식 홈페이지, '리버풀을 만든 남자 50명' 중

결국 앞서 소개한 사연 속에서 리버풀을 창단한 주인공이 된 존 호울딩은 당시 리버풀 시에서 각계각층으로 큰 영향력을 미치던 자산가였다. 양조 사업으로 큰 돈을 번 그는 리버풀을 창단한 이후 리버풀 시장을 역임하기도 했다. 그만큼 자산가인 동시에 또 유력인사였기에, 사실 에버턴과의 분쟁을 겪을 무렵 그에게는 새로운 팀을 창단하는 것 외에도 다양한 선택지가 있었다.

리버풀의 전 감독인 브랜든 로저스 감독이 추천사를 쓰고 구단의 공식 인증을 받아 영국에서 출간된 책 『The Official Illustrated History

리버풀의 창립자 존 호울딩

of Liverpool FC』에서는 다음과 같이 전하고 있다.

> 19세기 말 리버풀에는 단 하나의 프로 축구 클럽이 있었다. 그 클럽은 에버턴이었고 그들의 홈구장이 안필드였다. 에버턴과 안필드에 큰 분란이 생겼을 때 호울딩에게는 축구계를 떠나 그의 다른 사업에 더 집중하는 선택지도 있었지만, 그는 축구계에 남아 안필드 위에 축구 역사상 가장 성공적인 클럽의 기반을 닦았다.

리버풀의 시작을 연 것은 호울딩이었지만 리버풀 팬들이라면 꼭 알아야 할, 그러나 국내에는 거의 알려진 바가 없는 '이름 없는 영웅'도 있었다.

리버풀 FC가 처음 에버턴으로부터 분리되어 새로운 구단으로 창단되었을 때, 그들이 처음 희망했던 이름은 '리버풀'이 아닌 '에버턴 애슬레틱(Everton athletic ground limited)'이었다. 그러나 풋볼리그 측에서는 이미 리그에 '에버턴'이라는 이름으로 참가 중인 클럽이 있었기에 그 이름의 사용을 허가하지 않았다.

그 상황에서 오늘날까지 이어지는 '리버풀'이라는 이름을 사용하자고 제안한 사람은 윌리엄 바클레이라는 남자였다. 한때 에버턴의 부회장직을 지냈던 바클레이는 에버턴 구단과 호울딩이 대립 끝에 결별할 때 호울딩과 함께 남아 새 구단을 만드는 과정에 도움을 주었다. 그리고 그가 남긴 가장 큰 공헌이 바로 '리버풀'이라는 팀 명칭의 제안이었다.

리버풀의 창단 125주년을 기념해 영국에서 발간된 책 『LFC 125: The Alternative History』에서는 바클레이에 대해 다음과 같이 소개하고 있다.

> 호울딩에게 '리버풀'이라는 이름을 제안한 것은 바클레이였다. 그는 (에버턴 애슬레틱 대신)리버풀이라는 이름이 리버풀 시내의 더 많은 팬들을 끌어들일 수 있을 것이라고 주장했다. 또 그는 이후 호울딩과 함께 리버풀 초창기에 가장 큰 역할을 하는 존 맥케나와도 긴밀한 협력 관계를 유지했다. 바클레이는 이후 리버풀에서 오늘날의 수석 스카우트와 유사한 역할을 수행했다.

존 호울딩의 존재는 지금도 안필드 바로 곁에 살아 숨쉬고 있다. 빌 샹클리 동상의 반대편에 있는 빌 샹클리 게이트 바로 건너편에는 19세기에 존 호울딩이 직접 짓고 살았던 집이 있다. 책을 집필하면서 만난 리버풀 구단 공식 역사가 스티븐 돈은 이 집에 대해 다음과 같이 말했다.

> 이 주변의 다른 모든 집은 다 재개발이 됐지만, 저 집만은 지금까지

사진 오른쪽의 샹클리 게이트, 그 건너편에 보이는 집이 바로 존 호울딩이 살았던 집이다.
안필드를 방문하는 팬들이라면 참고로 볼 만하다. 내부로 들어갈 수는 없다.

도 그대로 서 있다. 저 집이 바로 에버턴, 리버풀 두 구단의 역사에 결정적인 역할을 했던 존 호울딩과 그의 아들이 실제로 살았던 집이다.

3 | '노동자들을 위한 축구장' 안필드 비하인드 스토리

앞서 소개한 대로 안필드는 처음부터 리버풀의 홈구장이었던 것이 아니라 호울딩이 에버턴 회장이었던 시절, 에버턴의 홈구장으로 사용할 용도로 구입했던 경기장이었다. 그러나 최초의 안필드는 위용을 갖춘

리버풀 창단 이후 안필드의 메인 스탠드를 디자인했던 유명 축구장 건축가 아치볼드 레이치

경기장이라기보다는 순수하게 축구 경기를 갖기 위해 만들어진, 큰 특징 없는 여러 경기장들 중 하나였다.

호울딩이 안필드를 바탕으로 리버풀을 창단한 후 리버풀이 점점 전국적인 명성을 얻어 가면서 안필드를 그에 걸맞은 경기장으로 재개발해야 한다는 필요성이 점점 대두되었다. 이에 호울딩은 당대 영국 최고의 축구장 건축가였던 아치볼드 레이치에게 그 임무를 맡겼다. 그가 당시 의뢰를 받고 만들었던 안필드의 메인 스탠드는 이후 오랫동안 잉글랜드에서 가장 특징과 품격이 있는 스탠드라는 평가를 받게 된다.

지난 2016년, 리버풀의 새 메인 스탠드 증축 공사 완료를 기념하며 LFC TV 측에서 제작한 다큐멘터리 〈This is Anfield〉에서는 아치볼드

레이치가 안필드의 재개발을 의뢰받아 착수하기에 앞서 다음과 같이 말하는 대목이 등장한다.

> 나는 당신들을 위해 궁전 같은 경기장이 아니라, 당신들의 팬들에 어울리고 그들이 좋아할, 노동자들을 위한 경기장을 만들겠다.

이후에도 안필드는 수차례의 재개발과 증축을 거듭하며 세계 축구계 최고의 경기장 중 하나로 자리잡게 된다.

'안필드'라는 이름의 유래에 대해서는 크게 두 가지 설이 있다. 리버풀 역사가 스티븐 돈의 설명이다.

> 안필드라는 경기장 이름에는 크게 두 가지 유래가 있다고 전해지는데, 첫 번째로 19세기 이 지역 지도에 'Anne'이라는 여자의 이름이 쓰였고, 거기에 부지를 뜻하는 '필드(field)'를 더해서 '안필드(Anfield)'가 됐다는 설이다.
> 또 하나의 설은 이 주변에 언덕이 많아서 과거부터 사람들이 이 부근에서 빨래를 말리는 모습을 많이 볼 수 있었다. 그래서 빨래를 '널다(Hang)'와 '들판(Field)'가 더해진 'Hangfield'라고 불리다가 지도를 만드는 사람이 실수로 '안필드'라고 이곳의 이름을 적어 그 이름이 곧 경기장 명칭이 되었다는 것이다.

한편, 20세기 초중반 안필드는 축구 외에 유명한 스포츠 이벤트를 개최하기도 했는데, 전설적인 테니스 선수이자 현재는 패션 브랜드 이름으로도 유명한 프레드 페리가 안필드에서 경기를 가진 일도 있었다.

4 리버풀을 만든 또 한 명의 주인공 존 맥케나

리버풀 FC라는 이름으로 새롭게 출발한 리버풀의 초창기 역사에 존 호울딩 만큼이나 중요한 역할을 한 또 한 명의 '존'이 있었다(영국에서는 리버풀의 역사를 말할 때 이 두 사람을 묶어 'two Johns'라고 부르기도 한다). 그는 리버풀 최초의 감독직을 맡았고, 시간이 지나면서 감독 역할에만 그치지 않고 단장, 회장의 역할을 맡기도 했다. 또 훗날에는 리버풀을 넘어 풋볼리그 전체의 회장을 역임했다. 이는 바로 존 맥케나이다.

앞서 소개한 윌리엄 바클레이와 함께 리버풀 최초의 팀 구성을 주도적으로 진행했던 맥케나 감독은 스코틀랜드 출신 선수들이 다수 포함되어 '맥(Mc, 유독 성 앞에 'Mc'을 붙이는 사람이 많은 스코틀랜드 사람들의 별칭)의 팀'이라고 불린 선수단을 조합해 리버풀이 축구 클럽으로서 처음 보낸 첫 시즌 랭커셔 리그 우승을 차지했다. 그의 지도 아래 리버풀은 친선경기를 제외한 클럽 역사상 첫 공식 경기에서 하이어월튼에 8-0 승리를 거두기도 했다.

다음 해, 잉글랜드 전역의 리그로서 이미 에버턴이 참가하고 있던 풋볼리그에 리버풀이 참가할 수 있도록 이끈 것 역시 그였다. 그는 훗날 톰 왓슨 감독을 임명한 후 단장 역할을 수행하면서 안필드의 스파이온

안필드에 걸린 존 맥케나의 기념패

콥 스탠드 건축을 이끌기도 했다.

리버풀은 공식 홈페이지에서 맥케나에 대해 다음과 같이 소개하고 있다.

맥케나는 축구계의 선구자이자 리버풀이 리그에 합류하는 과정을 포함해 구단 초기 역사에 아주 중요한 역할을 했던 핵심적인 인물이었다.

5 | 1893/1894시즌 '무패우승'과 맨유와의 첫 대결 그리고 1부 리그 승격

리버풀은 결국 창단 두 번째 시즌 만에 풋볼리그에 합류하게 되었다. 당시 리그의 시스템상 리버풀은 2부 리그에서 시작을 했다.

2부 리그에서 보낸 첫 시즌 리버풀은 28경기에서 22승 6무를 기록하고 단 한 경기도 패하지 않으며 '무패우승'을 달성했다. 리버풀의 리그 첫 상대는 미들스브로 아이어노폴리스였고, 이 시즌 중 리버풀의 윙어 말콤 맥빈은 리버풀 선수로서 풋볼리그 사상 첫 골을 기록한 주인공이

맥케나 감독이 이끌었던 '맥의 팀'

되었다.

그러나 이 시즌 리버풀의 가장 역사적인 순간은 시즌 막바지에 찾아왔다. 리그 1위로 시즌을 마친 리버풀이 당시 풋볼리그 승강제 성격의 경기였던 '테스트 매치'에서 1부 리그 최하위를 기록한 뉴튼히스와의 맞대결 끝에 2-0으로 승리하며 1부 리그 승격을 확정 지은 것이었다.

리버풀로서는 풋볼리그에 참가한 첫 해 단 한 번도 패하지 않고 우승을 차지하며 1부 리그 승격까지 이뤄 낸 순간이었다. 한편, 이때 리버풀에 패하며 2부 리그로 강등당한 뉴튼히스는 현재의 맨체스터 유나이티드다. 두 클럽의 역사상 첫 대결부터 한 팀은 1부 리그로 승격하고 다른 한 팀은 2부 리그로 강등되는 묘한 그림이 연출됐던 것이다.

1894년 4월 28일에 열렸던 이 경기에 대해 당시에도 이미 리버풀에 대해 보도하고 있었고 현재도 존재하는 리버풀 지역지 〈리버풀 에코〉는 두 팀의 경기 결과와 선후 상황에 대해 다음과 같이 설명했다.

두 팀의 첫 맞대결은 맨체스터가 맨체스터 운하를 건설하기로 한 바로 그 해에 치러졌다. 운하의 건설이 리버풀과 맨체스터라는 두 도시의 경쟁 관계의 시작이었다면, 이 경기 결과는 두 축구팀 간 라이벌 관계의 시작이라고 할 만했다.

6 | 1893년 4월 22일 첫 번째 '머지사이드 더비'

구단이 분리된 것에 대한 앙금이 아직도 생생하게 남아있는 상황이었기에 대회 주최 측에서는 두 팀이 최대한 만나지 않도록 일정을 편성했다. 그러나 두 팀이 끝까지 살아남으면서 결국 두 팀은 결승전에서 맞붙게 되었다. —리버풀 오피셜 북 중

머지사이드의 두 명문 팀 리버풀과 에버턴 간의 맞대결, 즉 최초의 '머지사이드 더비'가 열린 것은 1893년 4월 22일, 리버풀 시니어컵 결승전에서였다. 에버턴이 안필드를 떠나고, 리버풀이 그 안필드를 홈구장으로 삼아 창단한 지 이제 겨우 1년 정도가 지난 상황에서 열린 두 팀의 경기는 경기가 시작되기 전부터 많은 화제를 모았다.

당시 리버풀 지역 언론의 보도에 따르면, 풋볼리그에 먼저 참가했고 역사도 더 긴 에버턴은 승리를 자신하면서도 한편으로는 패배할 경우를 두려워하는 모습을 보이기도 했다. 또 에버턴은 리버풀과의 결승전을 불과 며칠 남기고 큰 의미 없는 평가전을 가지면서 흡사 '패할 경우

에 대한 핑계를 준비하는 것' 같기도 했다고 전해진다. 그러나 그런 그들의 시도는 오히려 더 부정적인 반응을 초래했다.

경기 당일, 경기가 펼쳐진 웨드햄로드 그라운드에는 약 1만 명의 관중들이 몰려들었다. 두 팀의 맞대결은 예상대로 격렬했다. 리버풀의 존 맥큐는 강한 태클을 시도하다가 주심으로부터 주의를 받기도 했고 에버턴의 선수들 역시 마찬가지였다. 치열한 경기 끝에 결국 1-0 승리를 차지한 것은 리버풀이었다.

경기가 끝난 후 에버턴 선수들과 팬들이 주심에게 워낙 강력하게 항의를 해서 우승팀 리버풀에 우승 트로피를 전하는 것조차 어려운 상황이 벌어졌다. 며칠 후 에버턴 구단에서는 공식적으로 대회 주최 측에 항의 서한을 보냈지만 주최 측에서는 그 항의를 인정하지 않으며 오히려 에버턴의 행동을 지적하는 해프닝도 발생했다.

결국 리버풀 선수들은 이 대회 우승 메달을 프레스턴과의 다음 경기가 끝난 후에야 수여 받을 수 있었다.

About Liverpool

영국 현지에서는 리버풀과 에버턴의 머지사이드 더비를 종종 '프렌들리 더비'라고 부르기도 한다.이는 면적이 넓지 않은 머지사이드 지역 특성상 리버풀의 많은 가정에 리버풀 팬들과 에버턴 팬들이 혼재되어 있기 때문이기도 하고(리버풀 레전드 선수 중 에버턴 팬으로서 유년기를 보냈던 선수도 다수 있다. 제이미 캐러거가 대표적이다), 또 역사적으로 양팀 팬들이 헤이젤 참사, 힐스브로 참사 등의 상황에서 서로의 아픔을 위로하고 격려하는 모습을 수시로 보여 왔기 때문이다.

리버풀과 에버턴의 '묘한' 관계를
잘 보여 주는 안필드 인근의 한 노점상

특히 양팀이 모두 나란히 리그 최고의 경기력을 보유했던 1980년대에는 양팀 팬들이 모두 '머지사이드의 두 팀이 잉글랜드 최고의 팀이다'라는 경쟁심 섞인 연대 의식을 보여 줬던 것도 사실이다.

그러나 그렇다고 해서 두 팀의 더비 경기가 반드시 부드럽고 온화할 것이라고 착각해서는 곤란하다. 양팀의 경기는 한때 프리미어리그에서 가장 경고, 퇴장이 많이 나오는 더비였던 적도 있다. 현재도 양팀은 매년 '프렌들리'하면서도 격렬한 더비를 치르며 계속해서 새로운 이야기들을 써 내려 가고 있다.

7 | 1896년, 리버풀 최장수 감독 톰 왓슨 감독 부임

리버풀을 1부 리그로 승격시킨 존 맥케나 감독은 리버풀이 한 단계 더 성장하기 위해서는 그때까지 자신처럼 한 사람이 감독, 단장 등 여러 가지 역할을 동시에 수행하는 것보다 전문적으로 감독의 일에 집중해 팀을 이끌 수 있는 인물이 필요하다는 결론을 내렸다. 그는 그 생각을 곧

존 맥케나를 시작으로 빌 샹클리 이전 리버풀 감독들의 사진이 안필드에 전시되어 있다.
윗줄 왼쪽에서 두 번째 인물이 바로 톰 왓슨 감독이다.

행동에 옮겼다. 그는 당시 리그 내 최고의 감독으로 인정받던 인물을 리버풀 감독으로 임명했고, 자신은 뒤편에서 단장으로서의 역할에 전념하게 되었다. 그렇게 리버풀의 감독이 된 남자가 바로 리버풀 역사상 최장수 감독인 톰 왓슨이었다.

1888년부터 1896년까지 풋볼리그의 판도를 돌아보면 가장 먼저 두각을 드러냈던 팀은 초대 리그에서 무패 우승을 차지했던 프레스턴 노스엔드였다. 프레스턴이 2년 연속 우승을 차지한 후 에버턴이 3번째 시즌 챔피언이 되었고, 그 후로 2년 연속 우승컵을 들어올린 팀이 바로 왓슨 감독이 리버풀 부임 전 이끌었던 선더랜드였다. 그는 1894/1895시즌에 또 한 번 선더랜드의 리그 우승을 이끌면서 이 시점을 기준으로 자신의 팀을 잉글랜드 리그 최다 우승팀으로 만들었다.

리버풀 부임 당시 37세의 젊은 감독이었던 왓슨 감독은 당시 잉글랜드에서 천재적인 전술가이자 강한 리더로 정평이 난 인물이었다. 맥케나 감독은 그의 능력을 인정하고 그에게 거절할 수 없는 매력적인 제안을 건넨 끝에 그를 리버풀 감독에 앉히는 데 성공했다.

왓슨 감독이 지휘봉을 잡으면서 리버풀은 보다 체계적이고 전문적인 감독의 지휘 아래 점점 1부 리그에서 성공의 기반을 닦게 된다. 왓슨 감독은 그 후로 19년 동안 리버풀을 이끌었다.

8 | 1901년, 리버풀의 첫 '슈퍼스타' 탄생과 첫 리그 우승

1896년 리버풀 지휘봉을 잡은 왓슨 감독은 자신이 구상하는 리버풀을 만들어 가며 점점 리버풀에 첫 우승 트로피를 안겨주는 데 가까워지기 시작했다. 그 과정에서 가장 결정적인 역할을 했던 한 선수가 있었다. 리버풀이 스스로 공식 홈페이지를 통해 '리버풀의 첫 번째 슈퍼스타'였다고 소개하고 있는 수비수 알렉스 레이스백이 그 주인공이다.

레이스백은 스코틀랜드 출신으로 하이버니안에서 좋은 활약을 보인 끝에 스토크 시티에 입단했다.그런 그의 잠재력을 눈여겨보고 있던 왓슨 감독은 그를 직접 찾아가서 설득한 끝에 리버풀로 그를 데려오는 데 성공했고, 레이스백은 이후 리버풀에서 11시즌을 뛰는 동안 풋볼리그

리버풀의 첫 '슈퍼스타'였던 알렉스 레이스백

1901년, 리버풀 역사상 첫 리그 우승을 거둔 당시 선수단

최고의 수비수로 거듭났다.

레이스백은 단순히 실력이 출중한 선수였을 뿐 아니라 잘생긴 외모에 스타성까지 겸비한 선수였다. 리버풀 공식 홈페이지에서는 그에 대한 일화를 다음과 같이 소개하고 있다.

> 레이스백은 안필드 팬들에게 입단 직후부터 큰 인기를 끌었다. 그는 특히 자신의 첫 시즌에 리버풀의 리그 및 컵 대회 우승 가능성이 보이자 리버풀을 위해 국가대표팀 친선경기 차출까지 거부하며 더욱 팬들의 사랑을 받았다.

1900/1901시즌, 왓슨 감독이 이끌고 레이스백이 주장으로 활약한 리버풀은 왓슨 감독의 친정이자 이미 세 차례 리그 우승 경력이 있는 선더랜드를 승점 2점 차로 제치고 구단 역사상 첫 리그 우승을 차지했다. 풋볼리그 참가 8년 만에 이뤄 낸 쾌거였다.

9 | 1906년, 레전드 골키퍼 샘 하디와 **두 번째 리그 우승**

1901년 거둔 첫 우승 이후 다소간 기복 있는 모습을 보였던 리버풀은 1904/1905시즌을 2부 리그에서 보내게 되었다. 강등 첫 해에 2부 리그 우승을 차지하며 1부 리그로 돌아온 왓슨 감독은 팀 전력을 강화하기 위해 믿음직한 골키퍼 영입에 나섰다. 그렇게 리버풀에 입단하게 된 선수가 구단 역사상 첫 번째 레전드 골키퍼였던 샘 하디였다.

하디는 당시 2부 리그 클럽이었던 체스터필드에서 뛰던 골키퍼였다. 그러나 그는 1912년까지 리버풀에서 뛰며 왓슨 감독의 믿음에 부합하는 모습을 보였고, 리그 내 최고의 골키퍼로 인정받으면서 잉글랜드 대표팀 수문장으로서도 활약했다. 1920년대 아스널에서 허버트 채프먼 감독을 도와 아스널의 첫 번째 전성기를 여는 데 기여했던 레전드 공격수 찰리 버컨은 하디에 대해 "내가 상대해 본 골키퍼 중 최고의 골키퍼였다"는 극찬을 남기기도 했다.

하디 만큼 널리 기억되고 있는 선수는 아니지만, 이 시즌 리버풀의 우승을 도운 선수 중에는 공격수 조 휴잇도 있었다. 1904년부터 1910년까지 리버풀에서 활약한 휴잇은 이 시즌 리그에서만 24골을 터뜨리며 득점왕을 차지함과 동시에 팀에 리그 우승을 안겼다.

하디가 골문을 지키고 레이스백이 수비를 이끈 리버풀은 23승 5무 10패 승점 51점(당시는 승리 팀에 주어지는 승점이 2점이었다)으로 우승을 차지했다. 이 과정에서 리버풀은 잉글랜드 축구 역사상 최초로 2부 리그 우승을 한 다음 해에 곧바로 1부 리그 우승까지 차지한 클럽이 되었다.

10 | 1906년 '스파이온 콥' 스탠드 건축

한편, 이렇게 리버풀이 구단 역사상 두 번째 우승을 차지한 1906년, 리버풀을 넘어 유럽 축구계에서 가장 유명한 스탠드 중 하나인 '콥 스탠

스파이온 콥 언덕

드'가 건축되었다. 정식 명칭은 '스파이온 콥(Spion Kop)'. 그 명칭에는 다음과 같은 유래가 있다.

1899년부터 1902년 사이, 영국은 남아프리카 트란스발 지역에서 발견된 금광을 놓고 당시 남아프리카에 거주하고 있던 네덜란드계 백인인 보어인들과 전쟁을 벌였다. 이 전쟁은 결국 영국의 승리로 끝났지만, 전쟁 중 영국인 병사들이 참혹한 죽음을 당한 전투가 있었는데 바로 '스파이온 콥(네덜란드어로 스파이 언덕이라는 의미)'에서 벌어진 전투였다. 이곳에서 전투에 참여한 영국 군인들 중에는 리버풀과 인근의 프레스턴 출신이 많았고 그들 중에는 축구 선수들도 있었다.

양국 간의 전쟁이 끝난 후, 영국권에서는 '스파이온 콥'을 축구장 스탠드 이름으로 쓰는 구단들이 생겨나기 시작했다. 이는 크게 두 가지 이유가 있었는데 첫째는 스파이온 콥 전투의 희생자들을 추모하기 위한 의미에서였으며, 또 하나는 당시 2~3만 명의 팬들이 입석 스탠드에 서서 경기를 보는 모습이 스파이온 콥과 같은 언덕처럼 보이기도 했기 때문이다.

한 가지 특이한 점은, 축구 구단 중 홈구장에 '콥'이라는 명칭을 처음 쓴 게 리버풀이 아니었다는 것이다. 그 이름을 처음 쓴 클럽은 아스널로, 1904년 하이버리 스타디움으로 홈구장을 이전하기 전에 사용했던 매너 그라운드에서 이미 '콥'이라는 이름의 스탠드를 보유하고 있었다. 그러나 그들은 홈구장을 옮긴 후에는 더 이상 그 이름을 사용하지 않았다.

리버풀이 그 이름을 처음 쓴 것은 1906년의 일이었다. 그 해 리버풀 지역지인 〈리버풀에코〉에서 '스파이온 콥'이라는 이름이 안필드에서 사용됐다는 것을 기록으로 남기면서 이 이름은 더욱 공식적으로 사용되었다.

BBC에서 제작한 '스파이온 콥' 스탠드 관련 다큐멘터리 촬영을 위해 직접 남아프리카의 스파이온 콥 언덕을 찾아갔던 전 리버풀 수비수이자 현 BBC 펀딧인 마크 로렌슨은 이런 역사에 대해 다음과 같이 말했다.

> 스탠드에 '콥'이라는 명칭을 쓰는 구단은 20개 가량 존재한다. 리버풀의 콥 스탠드가 '최초'는 아니지만, 최고의 '콥 스탠드'가 안필드의 스탠드인 것은 분명한 사실이다.

11 | 1914~1915년
첫 FA컵 결승전과 승부 조작 스캔들

두 번째 리그 우승을 차지한 후 리버풀은 그 기세를 이어 가지 못하고 점점 부진에 빠지기 시작했다. 이 시기 클럽 최고의 스타이자 주장이었던 레이스백이 1909/1910시즌 리그 준우승을 이끈 후 팀을 떠나면서 그들은 한동안 리그 중위권을 맴돌았다.

리그에서는 뚜렷한 성적을 내지 못한 리버풀이었으나, 1913/1914시즌 그들은 구단 역사상 처음으로 FA컵 결승전에 진출해 번리를 상대했다. 하지만 크리스탈 팰리스의 홈구장에서 펼쳐진 그 경기에서 리버풀은 0-1 패배를 당하며 준우승에 그치고 말았다.

한편, 이 FA컵 결승전은 영국 국왕(당시 조지 5세)이 처음으로 직접 관전한 축구 경기로 기록에 남아 있다. 조지 5세는 경기가 끝난 후 직접 우승팀인 번리에 우승 트로피를 선사했다.

그 다음 해이자 1차 세계대전으로 리그가 중단되기 직전이었던 1915년 4월, 리버풀의 일부 선수들이 맨유 선수들과 함께 개인적인 수익을 얻기 위해 승부 조작을 시도했다가 적발되며 큰 스캔들에 휩쓸렸다.

당시 맨유는 강등을 피하기 위해 승점이 필요했고 이미 중위권에 머물고 있던 리버풀은 남은 일정이 순위에 큰 영향을 미치지 않았다. 결국 양팀의 승부 결과는 맨유의 2-0 승리로 끝났는데 경기가 끝난 후 두 팀의 경기를 지켜본 팬들과 기자들로부터 의혹이 제기되었고, 맨유 출신으로 당시 리버풀에서 뛰고 있던 재키 셸든의 주도하에 세 명의 맨유 선수와 네 명의 리버풀 선수가 승부 조작에 가담했다는 사실이 적발되었다.

승부 조작에 가담했던 리버풀 측 네 선수 중 세 명은 1차 세계대전이 끝난 후 특별 사면을 받아 축구 선수로서의 생활을 계속 이어 갔다. 그러나 그들은 지금까지도 리버풀 구단과 잉글랜드 축구계에서 누구도 언급하고 싶지 않은 불쾌한 기억을 남긴 존재들로 여겨지고 있다.

Standard
L.F.C.

CHAPTER 2.

1920~1959년 1, 2차 세계대전 전후의 리버풀과 '리델풀'

1차 세계대전 이후 2년 연속 우승을 거뒀지만 그 기세를 이어가지 못했고, 2차 세계대전 직후에도 또 한 번 리그 우승을 차지했으나 1950년대에는 결국 2부 리그로 강등당한 리버풀. 그러나, 1, 2차 세계대전을 전후로 하는 리버풀의 역사에는 그 어수선하고 어려웠던 시기를 밝게 빛낸 레전드들이 존재했다.

Chapter2.

1, 2차 세계대전 전후의 리버풀과 '리델풀'

1920~1959년

12 | 1922~1923년, '리샤의 전설'과 2년 연속 리그 우승

1919년 1차 세계대전이 끝나자 잉글랜드 전역의 사람들은 '잃어버린 4년'에 대한 갈망을 풀 무언가를 필요로 했다. 그런 잉글랜드인들에게 가장 완벽한 대안은 다름 아닌 축구였다.

1차 세계대전 이전까지 리버풀을 이끌었던 톰 왓슨 감독이 폐렴으로 세상을 떠난 후 리버풀은 올드햄 애슬레틱의 전 감독이었던 데이비드 애쉬워스를 새 감독으로 임명했다. 그리고 그로부터 2년 후인 1921/1922시즌과 1922/1923시즌 리버풀은 구단 역사상 처음으로 2년

리버풀의 세 번째 리그 우승

연속 리그 우승을 차지하게 되었다.

애쉬워스 감독은 리버풀의 1921/1922시즌 우승을 이끈 후 1922/1923시즌 이미 리버풀의 리그 우승이 유력한 상황에서 강등 위기에 처한 친정팀인 올드햄 애슬레틱으로 돌아가는 결정을 내렸다. 리버풀은 그와 무관하게 리그 우승을 확정 지었지만, 애쉬워스 감독은 올드햄의 강등을 막지 못했다.

당시 리버풀의 성공을 가능케 했던 선수들은 여럿이 있었지만, 그 중에서도 지금까지 가장 널리 기억되는 레전드는 리버풀에서 22년 동안 골키퍼로 활약한 엘리샤 스콧이었다. 그는 특히 1922/1923시즌을 통틀어 31실점밖에 내주지 않았는데, 이는 당시 리그 최소 실점 기록이었다.

영국 유력 언론 〈더 타임즈〉에서 '독수리의 눈과 표범 같은 움직임

엘리샤 스콧

을 가진 골키퍼였다'고 평가한 바 있는 스콧은 리버풀 팬들 사이에서 '리샤'라는 애칭으로 불리며 절대적인 사랑을 받은 선수였다. 리버풀 팬들은 경기 내내 "리샤! 리샤!"를 외치며 그에게 열렬한 응원을 보냈는데, 스콧은 실제로 리버풀 구단 역사상 최초로 선수 개인의 응원가를 가졌던 선수로 기록되어 있다.

17세의 나이에 리버풀에 입단한 '리샤'는 22년 동안 리버풀 골문을 지켰는데, 특히 그와 비슷한 시기에 활약한 에버턴 최고의 레전드 공격수 딕시 딘과 머지사이드 더비에서 대결하는 모습은 지금까지도 머지사이드 더비 최고의 명장면 중 하나로 기억되고 있다.

13 | 1925년, 레전드 공격수 고든 호지슨 입단

21세기의 리버풀 팬들에게 호지슨이라는 이름은 그리 반갑지 않을지도 모르지만, 지금으로부터 약 100년 전 리버풀 팬들이라면 같은 성을 가진 최고의 레전드 공격수를 떠올릴 것이다. 에버턴에 딕시 딘이 있다면, 리버풀에는 이 선수가 있다고 말할 수 있었던 그 공격수의 이름은 고든 호지슨이었다.

고든 호지슨

잉글랜드 출신으로 남아프리카 공화국에서 살고 있던 부모의 영향으로 남아프리카에서 태어난 호지슨은 1925년 리버풀에 입단했다. 묘하게도 1925년은 에버턴이 가장 자랑스럽게 여기는 레전드 공격수 딕시 딘이 에버턴에 입단한 바로 그 해이기도 하다. 딕시 딘은 이후 1937년까지 12년 동안 에버턴에서 뛰면서 리그에서만 349골을 기록했다.

에버턴은 물론 잉글랜드 축구 역사상 최고의 공격수 중 하나로 손꼽히는 딘이 폭발적인 골결정력을 자랑하는 공격수였다면, 같은 해 리버풀에 입단한 호지슨은 양발을 모두 잘 쓰고 빠른 주력을 갖고 있으면서도 볼컨트롤이 능한 기교파 공격수였다.

호지슨은 리버풀에서 뛰는 동안 377경기에 나서 241골을 기록했는데, 이는 훗날 1960년대의 또 다른 리버풀 레전드 공격수 로저 헌트가 경신할 때까지 구단 최고 기록으로 남아 있었다. 또 그가 남긴 17회 해

안필드 스파이온 콥 스탠드 공사 현장

트트릭의 기록은 지금까지도 깨지지 않는 구단 최고의 기록으로 남아 있다.

14 | 1928년 스파이온 콥 개·보수 작업

엘리샤 스콧, 고든 호지슨과 같은 레전드들이 활약했음에도 불구하고 리버풀은 1922/1923시즌 리그 우승 이후 이렇다 할 좋은 성적을 내지 못했다.

1920년대 리버풀에게 있었던 가장 중요한 일은 스파이온 콥 스탠드의 개 · 보수 공사였다. 당시 스파이온 콥 스탠드는 이미 잉글랜드에서 최다 인원을 수용할 수 있는 규모의 스탠드였고, 앞서 소개한 대로 스탠드에 '콥'이라는 이름을 쓰는 구단이 많았음에도 불구하고 그 중 단연 가장 유명한 스탠드로 자리 잡아 가고 있었다.

리버풀 측은 이에 개 · 보수 공사를 진행해 3만 명의 관중이 함께 스파이온 콥 스탠드에서 경기를 볼 수 있도록 했고, 스탠드 위에 지붕을 덮는 작업도 병행했다. 이 지붕 덕분에 콥 스탠드에서 팬들이 내는 응원가와 함성이 울리면서 더 큰 소리를 내게 됐고, 이는 이후 리버풀 홈구장을 방문하는 모든 원정팀들에게 콥 스탠드를 가득 채운 팬들의 존재감을 더 크게 각인시키는 효과를 냈다.

15 | 1936년, 조지 케이 감독의 부임과 '맨유 명장' 맷 버즈비의 리버풀 입단

1920년대 말에서 1930년대 초반까지 리버풀의 성적은 점점 악화되고 있었다. 그 과정에서 성적 부진 및 노쇠화를 이유로 결국 그 시대 최고의 스타였던 두 선수인 스콧과 호지슨도 리버풀을 떠났다. 1934년에는 뉴캐슬에 2-9의 굴욕적인 패배를 당하기도 했다. 리그 최고 수준의 팬 규모를 보유한 클럽으로서는 여러모로 실망스러운 부분이 많은 모습이었다.

쇠락 일로를 걷고 있던 리버풀이 반등하고 나아진 모습을 보이기 시작한 것은 1936년, 당시 사우스햄튼을 이끌고 있던 조지 케이 감독을 영입하면서부터였다. 1931년부터 사우스햄튼을 맡아 좋은 지도력을 인정받고 있던 케이 감독은 1936년 리버풀에 부임한 이후 15년 동안 리버풀을 이끌며 팀의 리빌딩을 이뤄 냈다.

케이 감독은 특히 선수를 보는 눈이 탁월했고, 인품으로 선수들과 구단 관계자들에게 많은 사랑을 받은 '덕장'이었다. 그가 영입한 선수들 중에는 이후 리버풀 최고의 레전드 중 한 명이 되는 빌리 리델, 선수로서 및 감독으로서 리버풀에 리그 우승을 안기는 밥 페이슬리 등이 있었다. 여러 면에서 케이 감독은 분명히 빌 샹클리 이전의 리버풀 감독들 중 가장 높은 평가를 받는 감독이다.

한편, 미래에 리버풀의 명장 빌 샹클리, 밥 페이슬리 감독과 돈독한 관계를 유지하면서 맨유를 잉글랜드의 명문 클럽으로 성장시키게 되는 맷 버즈비가 케이 감독의 부임 직전, 리버풀에 입단했다. 버즈비는 맨유에서 '뮌헨 참사'를 극복해 낸 최고의 명장으로 인정받고 있지만, 묘하게도 그가 현역 시절에 뛴 두 팀은 맨유와 '천적' 관계에 있는 맨시티와 리버풀이었다.

리버풀에서 뛰는 동안 뛰어난 하프백으로 활약했던 버즈비는 케이 감독의 리버풀에서 주장을 역임하는 등 중요한 역할을 했다. 맨유 감독으로 부임하기 전에는 케이 감독을 보좌할 수석코치 자리를 권유 받았는데, 결국 비슷한 시기에 그에게 감독직을 제안한 맨유로 떠나게 되었다. 그리고 그곳에서 그는 빌 샹클리 감독이 리버풀을 잉글랜드 정상으로 끌어올리기 약 10년 전 맨유에서 그와 비슷한 일을 해 나가기 시작했다.

버즈비는 케이 감독에 대해 "그가 리버풀을 바꾸는 모습을 보고 큰 영감을 얻었다"라고 말한 바 있다. 여기서 볼 때 버즈비가 맨유에서 보여준 리더십에는 리버풀 시절 케이 감독을 통해 배운 점들도 어느 정도 영향을 미쳤다고 할 수 있을 것이다.

16 | 1938년, '리델풀'의 주인공 원클럽맨 빌리 리델 입단

케이 감독이 리버풀 지휘봉을 잡은 지 2년째 되던 1938년, 케이는 빌 샹클리 시대 이전의 리버풀 역사 전체를 통틀어 최고의 레전드였던 한 선수를 영입했다. 스코틀랜드 출신으로 1군 데뷔부터 은퇴까지 선수 생활 전체를 리버풀에서만 보낸 '원클럽맨' 빌리 리델이 그 주인공이다.

폭발적인 스피드, 강력한 슈팅을 겸비한 윙어일 뿐 아니라 다른 포지션도 두루 소화할 수 있었던 리델은 리버풀에 입단한 직후 선수 생활에 있어 커다란 피해를 감수해야만 했다. 1939년부터 1945년까지 6년 동안 2차 세계대전의 영향으로 리그가 중단되었던 것이다.

2차 세계대전 종전 후, 1946년 1월에야 FA컵 경기에서 공식 데뷔전을 가진 그는 이후 1961년까지 리버풀에서 활약하며 그에 앞서 리버풀에서 장기간 활약했던 골키퍼 스콧의 최다 경기 출전 기록을 경신했다.

제라드, 달글리쉬 이전에 리버풀 팬들에게 가장 사랑 받았던 레전드 빌리 리델의 안내문이 안필드에 전시되어 있다

리델은 리버풀에서 총 534경기에 출전해 228골을 기록하기도 했다. 전쟁으로 인한 6년의 공백이 아니었다면, 그의 기록은 더욱 대단했을 것이다.

그는 마치 21세기의 스티븐 제라드가 그랬던 것처럼, 리버풀이라는 구단이 어려운 시간을 보내고 있던 시기에 좋은 경기력뿐 아니라 강한 충성심으로 인해 리버풀 팬들로부터 널리 사랑을 받았던 인물이다. 그런 그의 활약상과 팬들로부터의 사랑 덕분에 리버풀은 그의 이름을 딴 '리델풀(Liddellpool)'이라는 별명까지 얻었을 정도였다.

훗날 리버풀 구단 역사상 최다 출전자가 되는, 리델과 같은 윙어였던 이안 캘러건은 리델에 대해 다음과 같이 말했다.

> 나는 리델, 키건, 달글리쉬가 리버풀 역사상 최고의 선수들이라고 생각한다. 그러나 위대함이라는 기준을 놓고 볼 때는 리델이 그 중에서도 최고였다고 말하고 싶다.

리델은 빌 샹클리 이전까지 리버풀 최고의 레전드였고 물론 그 후의 레전드들을 포함해서도 오늘날까지 가장 사랑을 받는 선수 중 한 명인데, 누구도 따라 하기 힘든 놀라운 기록 또한 남겼다. 수많은 골을 넣으며 폭발적인 플레이를 선보였던 선수임에도 불구하고, 그는 현역 시절 단 한 장의 옐로우카드도 받지 않았다.

17 | 1946/1947시즌
2차 세계대전의 종식과 리그 우승

1936년 리버풀에 부임한 케이 감독이 버즈비 등의 기존 선수단에 더해 리델, 페이슬리 등 선수들을 착실하게 보강하며 리빌딩에 나서고 있던 1939년, 2차 세계대전이 발발했다. 그로 인해 리버풀은 물론 잉글랜드 축구계 전체가 1945년까지 공식 리그를 진행할 수 없는 상황에 놓였다.

그러나 1936년부터 이미 착실히 팀을 만들어 왔던 케이 감독의 리더십은 결국 전쟁이 종료된 직후 열렸던 첫 번째 시즌에 우승이라는 값진 성과로 돌아오게 되었다. 2차 세계대전 직후 잉글랜드 챔피언이 된 팀이 바로 리버풀이었다는 뜻이다.

이 시즌 리버풀의 리그 우승에 가장 큰 기여를 한 것은 리델을 필두로 한 잭 바머, 알버트 스터빈스의 삼각편대 공격진이었다. 뉴캐슬에서 활약했던 스터빈스는 이 시즌 리버풀에서 24골을 터뜨리며 바머와 함께 공동 득점 1위를 기록했고, 바머는 3경기(포츠머스, 더비, 아스널전) 연속 해트트릭이라는 대기록을 달성하기도 했다.

한편, 이 시즌은 전쟁으로 인해 중단되었다 재개된 리그에 큰 기대를 걸었던 팬들에게 보답이라도 하듯 그 시기 가장 치열했던 우승 경쟁이 펼쳐졌던 시즌 중 하나로 기억되고 있다. 이 시즌 최종 라운드까지 리버풀과 우승 경쟁을 벌였으나 결국 2위에 그친 클럽은 다름 아닌 맷 버즈비 감독이 이끈 맨유였다.

18 | 1950~1952년 최초의 '웸블리' 결승전과 안필드 최다 관중 경기

1947년, 구단 역사상 다섯 번째 리그 우승을 차지한 리버풀은 그 이후 우승 기록을 이어 가지 못했지만, 1949/1950시즌에는 구단 역사상 처음으로 웸블리 구장에서 열린 FA컵 결승전에 진출했다. 크리스탈 팰리스에서 열렸던 번리와의 FA컵 결승전 이후 36년 만의 결승전이었다.

상대팀은 아스널. 리버풀은 이 경기에서 결국 아스널에 0-2 패배를 당하고 말았는데, 이 결승전에 대해 영국에서 가장 널리 회자되는 것은 승부의 결과가 아닌 밥 페이슬리의 결장이었다.

페이슬리는 에버턴과의 머지사이드 더비로 펼쳐진 준결승전에서 직접 골을 기록하며 팀의 결승전 진출에 큰 기여를 했다. 그의 활약이 너무 뛰어났기 때문에 팬들은 물론 축구 언론에서도 그가 당연히 결승전에 출전할 것으로 예상했다. 그러나 그는 결승전에서 전술적인 이유로 결국 출전하지 못한 채 팀의 패배를 지켜봐야 했다.

선수 시절의 밥 페이슬리

페이슬리는 이후 감독이 되고 나서 이때의 경험이 그에게 아주 큰 도움이 됐다고 말했다. 중요한 경기를 앞두고 핵심 선수를 제외해야만 할 경우, 본인이 같은 경험을 했기 때문에 그들의 마음을 이해할 수 있다는 것 자체로도 선수들을 납득시킬 수 있었기 때문이다.

한편, 2년 후인 1952년 2월 2일 리버풀 대 울버햄튼의 FA컵 4라운드 경기에서 리버풀은 홈구장 안필드 최다 관중 기록을 세우게 되었다. 당일 안필드를 찾아온 관중은 61,905명으로, 이는 오늘날까지도 깨지지 않은 안필드 최다 관중 기록으로 남아있다.

19 | 1954년 4월
50년 만의 2부 리그 강등

1930년대부터 리버풀을 잘 이끌어 왔던 케이 감독이 건강상의 이유로 1951년에 리버풀을 떠난 후, 리버풀은 또 한 번 침체기에 빠져들기 시작했다. 그리고 케이가 세상을 떠났던 1954년, 리버풀은 50년 만에 2부 리그로 강등 당하고 말았다.

그들의 강등이 확정된 것은 1954년 4월 24일 안필드에서 열린 카디프전에서의 0-1 패배 직후였다. 이 경기에서 리버풀 팬들의 절대적인 지지를 받고 있던 리델이 페널티킥 실축을 하며 동점골을 넣는 데 실패한 리버풀은 결국 강등을 모면하지 못하게 되었고, 케이 감독에 이어 이 시즌 리버풀을 이끌었던 돈 웰시 감독은 리버풀 역사상 최초로 경질 당한 감독으로 남게 되었다.

20 | 1959년 1월
리버풀 최악의 굴욕적 패배

웰시 감독이 경질된 후 리버풀 지휘봉을 잡은 것은 과거 리버풀의 주장으로 활약했던 필 테일러였다. 그러나 감독 교체 이후로도 리버풀의 성적은 나아질 기미를 보이지 않았다.

그러던 1959년 1월, 리버풀 역사상 가장 치욕적인 패배 중 하나로 기록된 경기가 펼쳐졌다. 그들은 당시 '논리그(5부 리그 이하의 아마추어 클럽)'에 속해 있던 워체스터 시티와의 FA컵 3라운드 경기에서 패하며 탈락하고 말았다. 이런 부진한 성적 속에 결국 테일러 감독은 스스로 감독직을 사임하고 팀을 떠나게 되었다.

어쩌면 이때 리버풀의 상황이야말로 '아침이 밝기 전이 가장 어둡다'는 옛말과 가장 잘 어울릴지도 모른다. 그렇게 2부 리그에서 벗어나지 못하던 리버풀이 '논리그' 클럽에게까지 패하며 굴욕을 당하고 있던 시점에 드디어 리버풀은 그들의 운명을 완전히 바꿔 놓을 운명적인 인물과 만나게 되었다.

그 남자의 이름은, 빌 샹클리였다.

KOP

CHAPTER 3.

1959~1974년

빌 샹클리와 리버풀 시대의 서막

리버풀의 역사는 1959년 이전과 이후로 나뉜다. 더 정확히는 한 감독의 부임 전후로 나뉜다고 할 수 있다. 체구는 작지만 압도적인 카리스마와 지도력을 가진 샹클리 감독이 부임한 후 리버풀은 분명한 철학을 가진 '챔피언'으로 올라서게 되었다. 비슷한 시기 리버풀 출신으로 세계 음악계를 강타했던 비틀즈와 함께 1960년대는 리버풀이 '우주의 중심(center of universe)'에 섰던 시기였다.

Chapter3.

빌 샹클리와 리버풀 시대의 서막

1959~1974년

21 | 1959년, 리버풀의 '절대자' **빌 샹클리의 리버풀 감독 부임**

100년을 훌쩍 넘는 잉글랜드 클럽들의 역사를 살펴보면 어느 클럽에나 그 클럽의 역사와 위상을 완전히 바꾼 한 명의 영웅적인 인물이 존재한다. 전편인 『누구보다 아스널 전문가가 되고 싶다』에서 소개한 아스널의 경우 1930년대의 허버트 채프먼이 그런 존재였고, 그 전편인 『누구보다 맨유 전문가가 되고 싶다』의 맨유는 1945년에 감독으로 부임한 맷 버즈비 감독이 그 주인공이었다.

리버풀에도 그런 인물이 있다. 리버풀의 역사 전체를 돌아보면 그보다 더 많은 우승을 차지한 감독도 있었고 어쩌면 그보다 더 사랑받은 선수들도 있었지만, 그럼에도 불구하고 그 어떤 감독이나 선수와도 비교할 수 없는 절대적인 지위를 가진 존재. 이 남자로 인해 그 뒤에 리버풀 역사를 빛낸 모든 사람들이 리버풀에 모일 수 있었고, 그래서 그 어떤 클럽보다도 '영웅'적 인물이 많은 리버풀의 홈구장 안필드 정문에 동상으로 남아 지금까지도 팬들에게 사랑받고 있는 존재.

리버풀의 역사를 바꾼 '절대자' 빌 샹클리

빌 샹클리 감독이 바로 그 주인공이다.

리버풀은 샹클리의 부임 전과 후로 나뉜다고 말해도 이의를 제기할 수 있는 사람은 많지 않을 것이다. 리버풀은 앞선 장에서 살펴보았듯 리그 우승 5회를 기록한 클럽이었지만, 샹클리 감독 부임 직전에는 무려 5시즌째 2부 리그를 전전하고 있었다.

또 리버풀의 오랜 레전드들이 스스로 인정했듯이 당시의 리버풀은 잉글랜드에서 최고의 명문으로 인정받는 클럽도, 잉글랜드 팀 중 유럽 최고의 성적을 가진 클럽도, 전 세계적인 인지도를 가진 클럽도 아니었다. 당시 리버풀의 상황에 대해 〈가디언〉에서는 이렇게 표현한 바 있다.

샹클리가 부임했을 당시 리버풀은 2류 클럽이었다. 샹클리의 추진력은 그런 리버풀을 잉글랜드와 유럽을 지배하는 팀으로 바꿔 놓았다.

그렇다면, 과연 빌 샹클리는 누구이며 그는 어떻게 리버풀의 감독이 되었을까?

22 | 리버풀 부임 이전의 샹클리와 그가 리버풀에 오기까지

빌 샹클리는 1913년, 스코틀랜드의 '글렌벅'이라는 한 광촌에서 나고 자랐다. 10남매 중 막내 아들(여자 형제까지 포함하면 둘째 막내)로 태어난 그는 자신의 자서전에서 스스로의 어린 시절을 '춥고 배고프고 힘들었던 시절'이라고 표현했고, 그의 삶에 대해 다룬 〈스카이스포츠〉 제작 다큐멘터리에서는 '그런 어려운 환경이 그를 강인한 사람으로 만들었다'고 평가했다. 실제로 샹클리는 작지만 그 누구보다도 강한 모습과 카리스마를 가진 사람으로 성장했다.

어려운 가정 환경으로 인해 샹클리는 14세의 나이에 이미 더 이상 학교를 다닐 수 없었고, 그 대신 탄광에 나가 2년 동안 일을 했다. 극도로 가난한 생활을 한 그의 가족에게 있어 축구는 단순히 '기호'가 아닌 '삶'의 문제였다. 축구는 그들의 인생을 바꾸고 더 나은 생활을 할 수 있는 기회였고, 이후 샹클리를 포함하여 10남매 중 5명의 형제가 프로 축구선수로 활동했다.

1932년 칼라일 유나이티드에서 잠시 뛰었던 샹클리는 선수 생활의 대부분을 프레스턴 노스엔드에서 보냈다. 샹클리의 현역 시절 포지션은 당시의 표현대로라면 '라이트-하프', 즉 현재의 수비형 미드필더에 해당한다. 그는 프레스턴에서 300경기 이상을 출전하며 1937/1938시즌 프레스턴의 마지막 FA컵 우승에 기여하기도 했다. 이 시절의 활약으로 그는 선수로서도 충분히 인정받았고 같은 기간 스코틀랜드 대표팀에서도 12차례 출전했다. 그가 한창 선수 생활을 보내고 있을 때 터진 2차 세계대전이 아니었다면, 어쩌면 그는 선수로서도 더 성공적인 커리어를 쌓았을 수도 있을 것이다.

선수 시절의 샹클리

샹클리와 프레스턴에서 함께 뛰었고, 이후 잉글랜드 축구에 기여한 공으로 기사작을 수여받은 톰 피니 경은 〈가디언〉과의 인터뷰에서 선수 시절의 샹클리에 대해 다음과 같이 말하기도 했다.

> 샹클리는 정말 열정적이고 훌륭한 선수였다. 그는 또 엄청난 축구광이었고 경기가 끝나고 나면 경기에 대해 정말 말이 많은 친구이기도

했다. 그를 아는 사람들이라면 누구나 그가 선수 생활을 마친 후 감독이 될 것이라고 예상했을 것이다.

2차 세계대전이 끝나고 4년 후인 1949년, 자신이 선수로 뛴 바 있는 칼라일 유나이티드에서 감독직을 시작한 샹클리는 그 후로 그림스비 타운, 워킹턴, 허더스필드 타운 감독직을 거쳐 1959년에 마침내 리버풀 지휘봉을 잡게 되었다.

한편, 샹클리 감독이 공식적으로 리버풀 감독에 임명된 것은 1959년의 일이었지만, 그는 이미 8년 전인 1951년에 리버풀로부터 감독직 제안을 받은 적이 있었다. 다음은 샹클리 감독의 자서전에서 그가 직접 말한 당시의 상황이다.

> 1951년에 리버풀은 나에게 감독직을 제안했지만 그 당시 리버풀은 이사들이 선발 선수 명단을 고르고 있었고 나는 그들의 제안을 거절했다. 8년 후에 그들은 다시 나에게 내가 원하는 조건의 계약을 제안했고, 나는 리버풀에서 처음으로 선발 선수 명단을 직접 고르는 감독이 됐다.

1959년, 리버풀로부터 감독직 제안을 받았을 당시 빌 샹클리 감독이 남긴 말은 지금도 영국 축구계에서 아주 유명한 일화 중 하나로 널리 회자되고 있다. 당시 만남을 가진 리버풀 회장과 샹클리 감독이 주고 받은 대화는 다음과 같다.

"샹클리 감독, 잉글랜드에서 가장 큰 클럽을 지도할 생각 없습니까?"

"왜요? 맷 버즈비(당시 맨유 감독)가 짐이라도 쌌답니까?"

그렇게 리버풀 감독직에 대해 처음 논의를 나누던 순간부터 특유의 위트와 카리스마를 발휘했던 샹클리 감독은 2차 세계대전 직후 버즈비 감독의 지휘 아래 잉글랜드를 대표하는 명문으로 자리잡아 가던 맨유 그 이상의 클럽으로 리버풀을 키워 나가기 시작했다.

About Liverpool

빌 샹클리와 맷 버즈비

리버풀과 맨유를 세계적인 축구 명문으로 키워 낸 두 명장 빌 샹클리와 맷 버즈비는 묘하게도 상당히 많은 공통점을 가진 감독들이었다.

두 사람은 같은 스코틀랜드 출신이며 둘 다 광부의 아들로 태어나고 자랐다. 또 스코틀랜드 대표팀에서도 함께 뛴 경험이 있는 두 사람은 실제로 같이 잉글랜드 1부 리그에서 각각 리버풀과 맨유를 이끌고 경쟁을 하는 동안에도 깊은 우정을 과시하며 서로를 칭찬하는 발언을 아끼지 않았다.

두 사람에 관해 두 가지 묘한 점이 있다면, 우선 버즈비 감독은 맨유 감독직을 맡기 전 리버풀 선수로서 (훗날 리버풀 감독이 되는)밥 페이슬리와 함께 활약한 경력이 있었다. 한편 허더스필드 감독 시절의 샹클리는 버즈비 감독이 훗날 '뮌헨 참사' 이후 맨유를 리빌딩하는 데 결정적인 역할을 했던 폭발적인 공격수 데니스 로(맨유 통산 득점 랭킹 3위)를 처음 발탁해서 프로 선수로 데뷔시키기도 했다.

23 | 리버풀의 자랑
'리버풀 부트 룸'의 탄생

리버풀의 감독이 된 샹클리가 제일 먼저 했던 일은 안필드의 수도 시스템을 정비하는 일이었다. 당시 5시즌 동안 2부 리그에서 시즌을 보낸 리버풀은 한마디로 아수라장 같았다. 샹클리는 당시의 리버풀에 대해 이렇게 표현했다.

> 경기장도 리버풀 시민들에게 보일 만큼 충분하지 않았고, 선수단도 충분하지 않았다. 그곳에는 오직 '잠재력'만이 있었다.

리버풀 부임 초기, 샹클리 감독이 한 가장 중요한 일은 이미 리버풀에 있던 코치들과의 결속을 강화하고 그들과 같은 비전을 공유하는 일이었다. 샹클리 감독은 자신의 코치들에게 다음과 같이 말했다.

> 보통의 감독이라면 새 팀 감독이 된 후 자신의 스태프들을 데려오겠지만 나는 그렇게 하지 않겠다. 당신들이 이 팀에 더 오래 있었고 팀을 더 잘 알 테니까. 내가 당신들에게 원하는 것은 단 한 가지, 충성심이다. 우리 사이에서 다른 이에 대해 잡음을 만들어 내는 사람은, 그가 리버풀에 50년 동안 있었든 말든 모두 잘릴 것이다. 나는 이곳의 모든 사람이 서로에게 충성하길 바란다. 우리가 하는 모든 일은 리버풀을 위한 것이다.

그런 과정에서 탄생한 것이 그 유명한 리버풀의 '부트 룸'(boot room)'이었다. 본래 '부트 룸'은 선수들의 축구화를 보관하고 닦는 데 사용했던, 안필드 내 선수들의 드레싱 룸 근처에 있던 좁은 공간이었다. 샹클리 감독은 이 공간에서 자신의 코치들과 팀 운영에 대한 계획, 다음 경기 전술 등을 논의하며 리버풀을 더 발전시킬 방안을 마련해 나갔다.

그때 샹클리와 함께 바로 그 부트 룸에서 함께 꿈을 꾸던 대표적인 인물들이 이후 리버풀 감독이 되는 밥 페이슬리와 조 페이건 등이었다. 부트 룸의 원년 멤버 외에도 이후 1990년대 리버풀을 이끄는 로이 에반스 감독 역시 부트 룸에서 교육을 받았었다.

리버풀 '부트 룸'의 전통은 이후 30여 년을 거쳐 쭉 이어졌고 그곳 출신의 감독들은 훗날 리버풀에 4번의 유로피언컵 우승 트로피를 안겨 주었다.

24 | 1961/1962시즌 두 레전드의 영입과 1부 리그 승격

부임 직후부터 리버풀 내부를 정비하고 코치진의 결속을 확고히 다진 샹클리 감독은 가장 먼저 리버풀을 1부 리그로 끌어올리기 위해 대대적인 개혁에 나섰다. 제일 큰 변화는 선수단의 변화였다. 그는 리버풀 감독에 부임한 지 1년 만에 무려 24명의 선수를 이적시장에 내놓으며 자신의 철학과 방향성에 맞는 선수들을 불러 모으기 시작했다.

그러나 샹클리 감독이 원하는 선수들을 영입하는 것은 결코 쉬운 일

샹클리 감독이 가장 처음 영입해 이후 리버풀에서
중요한 역할을 하게 되는 두 레전드, 론 예이츠와 이안 세인트 존

이 아니었다. 무엇보다 가장 큰 문제는 당시 2부 리그에 머물러 있던 리버풀이 뛰어난 선수를 영입하기 위해 투자할 충분한 자금이 없었다는 것이었다. 샹클리 감독은 구단 이사진에 리버풀이라는 클럽이 가진 잠재력을 피력하며 '이들이 좋은 활약을 하지 못하면 나를 잘라도 좋다'는 강경한 자세로 긴 설득을 거친 끝에 결국 1961년에 아주 중요한 두 명의 선수를 영입하게 되었다. 그들은 스코틀랜드 리그의 던디 유나이티드에서 활약하던 수비수 론 예이츠와 마더웰에서 뛰던 공격수 이안 세인트 존이었다.

188cm의 장신이자 강한 피지컬을 자랑했던 수비수 예이츠는 이후 리버풀 수비의 핵심으로 활약했다. 특히 그는 샹클리 감독과의 인연이

각별했던 선수인데 샹클리는 예이츠를 "거인 같은 선수"라고 부르며 그의 영입 즉시 그를 팀의 주장으로 임명했고 "이 선수가 리버풀을 1부 리그 승격으로 이끌어 줄 것"이라고 장담했다.

부트 룸의 또 다른 멤버였던 루벤 베넷과의 인연으로 리버풀에 입단하게 된 이안 세이트 존은 스코틀랜드 시절 2분 30초 만에 해트트릭을 기록한 적이 있는 폭발력 있는 공격수로, 리버풀 이적 후에도 10년간 100골에 가까운 골을 터뜨리며 팀 공격에 힘을 보탰다. 샹클리 감독은 훗날 이 두 선수의 영입을 두고 "리버풀의 터닝포인트였다"고 평가했다.

이사진에 두 선수의 성공을 장담했던 샹클리 감독의 말은 1년이 지나기도 전에 곧 현실이 되었다.예이츠라는 단단한 수비수, 이안 세인트 존이라는 확실한 공격수를 얻은 리버풀은 바로 그 시즌 종료 5경기를 앞두고 사우스햄튼에 2-0 승리를 거두며 승격을 확정 지었다.

25 | 1963/1964시즌
샹클리 감독의 첫 리그 우승

1부 리그로 돌아와 맞이했던 첫 시즌인 1962/1963시즌, 리버풀은 17승 10무 15패의 성적으로 22개 클럽 중 8위의 성적으로 시즌을 마무리했다. 1부 리그로 돌아온 첫 시즌의 성적임을 감안하면 나쁘지 않은 성적일수도 있지만, 샹클리 감독은 8위에 만족할 남자가 아니었다. 더군다나 이 시즌 리그의 우승팀은 머지사이드 더비의 상대인 에버턴이었다. 샹클리 감독은 더 빨리 리버풀을 머지 사이드의 주인으로, 잉글랜드의 챔피언으로 만들고 싶었다.

다음 시즌인 1963/1964시즌, 샹클리 감독은 앞서 소개한 예이츠, 이안 세인트 존 외에 또 한 명의 아주 중요한 선수이자 현재까지도 리버풀 팬들에게 사랑받는 레전드 피터 톰슨을 영입했다.

리버풀에서 북쪽으로 한 시간 정도 거리에 위치한 도시 프레스턴 출신인 톰슨은 10대 시절부터 이미 빼어난 기술과 스피드로 '미래의 스타'가 될 것이라는 예상을 받았던 선수였다. 오른발잡이 레프트 윙어였던 그는 17세의 나이에 프레스턴 1군 주전 자리를 꿰찼고 그 후 3년 사이에 121경기에 나서 20골을 터뜨리는 맹활약을 하고 있었다. 당연히 그를 영입하려는 빅클럽들이 많았으나, 결국 그 영입에 성공한 것은 과거 프레스턴에서 선수 생활을 한 바 있었던 샹클리 감독이었다.

톰슨의 영입은 예이츠, 이안 세인트 존에 더해 리버풀에 완전히 다른 무기를 안겨 주었다. 톰슨이 왼쪽 윙에서 상대 수비를 무너뜨리고, 리버풀 아카데미 출신으로 훗날 최다 경기 출전 기록을 세우게 되는 이안 캘러한이 오른쪽 윙에서 좋은 경기를 펼치면서 리버풀은 이제 강력한 수비와 최전방뿐 아니라 측면도 최고 수준인 팀으로 거듭나게 되었다.

이 시즌 리버풀 우승의 신호탄이 되었던 경기는 1963년 9월 28일, 안필드에서 열린 머지사이드 더비였다. 리버풀은 직전 시즌 우승팀이었던 에버턴을 상대로 2-1 승리를 거두며 우승 행진을 위한 분위기를 잡게 되었는데, 이 경기에서 리버풀의 두 골은 모두 캘러한 한 명의 발끝에서 나왔다.

주장이자 수비의 핵심이었던 예이츠는 11월 열린 맨유 원정 경기에서 결승골을 터뜨렸고, 공격진에서는 이안 세인트 존이 깊게 처진 공격수 형태로 창의성을 더한 가운데, 로저 헌트가 연일 골 행진을 이어 갔다. 헌트는 이 시즌 31골을 터뜨리며 팀 내 최다 골의 주인공이 되었다.

빌 샹클리 감독 부임 전부터 리버풀에서 활약하던 선수 중 샹클리 감독 부임 후 가장 신임받은 공격수였던 헌트는 이후 리그에서만 245골을 터뜨리며 훗날 이안 러쉬가 그의 기록을 경신할 때까지 리버풀 최다 골 기록 보유자가 된다.

결국 리버풀은 1964년 4월 18일, 시즌 마감을 아직 약 한 달 가량 남겨 둔 상태에서 아스널을 홈으로 불러들여 5-0 대승을 거두며 리그 우승을 확정 지었다. 이 경기 리버풀의 득점자는 세인트 존, 톰슨, 헌트, 애로우스미스였다.

한편, 샹클리 감독의 지도 아래 리버풀이 1부 리그로 승격해 샹클리 체제에서의 첫 우승을 차지했던 이 시기는 마침 리버풀 출신으로 세계 최고의 뮤지션이 되는 비틀즈가 왕성한 활동을 이어 가던 시기와도 겹친다. 이 시즌 리버풀의 전 경기를 안필드에서 지켜본 리버풀 역사가 에릭 도이는 리버풀이 우승을 확정 지은 후 콥 스탠드에 모인 28,000여 명의 팬들이 비틀즈의 히트곡 'Can't Buy Me Love'를 함께 불렀다고 말하기도 했다.

빌 샹클리 감독의 지휘 아래 리버풀이 서서히 잉글랜드 축구계 정상을 향해 나아가던 1960년대는 같은 리버풀 출신의 밴드 비틀즈가 세계적인 뮤지션으로 도약하던 시기와 일치한다. 앞서 소개했듯 1960년대 리버풀의 경기 영상을 찾아보면 안필드에 모인 홈 팬들이 비틀즈의 노래를 부르는 모습을 쉽게 확인할 수 있다.

그렇다면 리버풀이라는 도시가 배출해 낸 최고의 '명물'인 비틀즈와 리버풀 FC의 관계는 어땠을까?

1971년부터 현재까지 47년 동안 안필드 장내 아나운서 역할을 하고 있는 (안필드에서 경기 전, 경기 중, 경기 후에 들려오는 중후한 목소리의 주인공)조지 셉튼은 2016년 리버풀이 공개한 다큐멘터리에서 "비틀즈, 그리고 당시 유행했던 머지비트(Merseybeat, 당시 머지사이드를 중심으로 유행했던 록 음악)이 콥 문화에도 영향을 줬다"며 비틀즈와 리버풀 팬들 사이에 분명한 연결고리가 있었다고 강조했다.

많은 리버풀 팬들, 혹은 축구팬들이 궁금해하는 질문 중에는 '과연 비틀즈의 멤버들은 어떤 팀의 팬이었을까?'가 있다. 미래에 이 물음의 새로운 답이 밝혀질 수도 있다는 것을 전제로 하고 지금까지 밝혀진 바를 정리하면 다음과 같다.

비틀즈의 리더였던 존 레논은 아쉽게도 축구에 큰 관심이 없었다는 것이 지금까지 보도된 '정설'이다. 일부 언론에서 그의 아버지가 리버풀 팬이었다는 보도를 한 적은 있으나 이는 100% '오피셜' 정보라고 보기

리버풀 FC와 함께 리버풀을 '우주의 중심'으로 만든 비틀즈

어렵다. 비틀즈의 기타리스트였던 조지 해리슨 역시 축구에 큰 관심이 없었던 것으로 알려져 있다. 흔히들 영국을 '축구의 나라'라고 부르며 모든 영국인이 축구에 관심이 있을 것이라고 생각하지만, 실제로 영국에서 지내 보면 결코 그렇지 않다. 럭비, 크리켓 등 타 종목에 관심이 더 많은 사람들도 다수다. 다만 축구에 관심을 갖는 사람들의 비율이 높을 뿐이다.

비틀즈 멤버들 중 가장 축구, 혹은 리버풀 FC와 긴밀한 연결 고리를 갖고 있는 멤버는 리버풀의 또 다른 리더 중 한 명이자 많은 히트곡을 작곡했던 폴 매카트니다. 매카트니는 에버턴 팬인 아버지의 영향으로 본인 역시 에버턴 팬인 것으로 널리 알려져 있다. 그는 2013년 〈리버풀 에코〉와의 인터뷰에서 리버풀 레전드 케니 달글리쉬와의 특별한 인연에 대해 밝힌 바 있다.

> 이전에 달글리쉬가 리버풀 선수단을 데리고 나의 공연장을 찾아온 적이 있다. 그는 그 후로 늘 나에게 많은 도움을 줬다. 나도 곧 리버풀에서 가질 공연에 그를 초대하고 싶다. 만약 그가 원한다면 리버풀 선수단 전체가 함께 와도 좋다. 에버턴 선수단도 마찬가지다. 그들이 원한다면, 모두에게 티켓을 제공할 수 있다.
> 나의 아버지는 에버턴 팬이고 나도 에버턴 팬이다. 물론 나는 리버풀도 응원한다. 두 팀이 더비 경기를 가질 때는 에버턴을 응원하지만 말이다.

끝으로, 비틀즈의 드러머였던 링고 스타는 아스널의 팬으로 널리 알려져 있다. 그러나 2006년 〈가디언〉이 링고 스타의 지인과 가진 인터뷰에서 그의 두 아들은 모두 리버풀의 시즌 티켓을 소유하고 있다는 사실이 밝혀지기도 했다.

한편 이 무렵의 안필드는 이미 그 시기부터 현재와 같은, 어쩌면 오히려 더 열렬했을 홈 팬들의 응원과 강렬한 분위기로 유명했다.

당시 안필드를 방문했던 BBC의 한 리포터가 콥 스탠드 앞에 서서 다음과 같이 리포트한 유명한 일화가 있다.

> 사람들은 웨일즈 럭비 대표팀 팬들이 세상에서 가장 열렬하다고 말하지만, 나는 어디서도 이런 분위기를 본 적이 없다. 이곳의 분위기

는 한마디로 놀랍다. 이 팬들의 응원을 지켜보고 있으면 무섭다는 느낌이 들 정도다. 나는 이곳을 방문하는 원정팀들이 비슷한 느낌을 받을 것이라고 생각한다.

27 | 1964년 8월 리버풀의 유럽 진출과 'All-Red 유니폼'

1963/1964시즌 잉글랜드 1부 리그에서 우승을 차지한 리버풀은 다음 시즌인 1964/1965시즌 마침내 대망의 유로피언컵에 진출하게 되었다. 그리고 유럽 진출을 계기로 샹클리 감독이 도입한 두 가지는 지금까지도 리버풀 팬들이 매일 눈으로 확인할 수 있는 모습으로 남았다.

1964/1965시즌, 리버풀은 유로피언컵 1라운드에서 아이슬란드 클럽 KR레이캬비크와의 원정경기에 나서 5-0 대승을 거두며 그 서막을 멋지게 장식했다. 안필드에서 열린 KR레이캬비크와의 2차전 결과 또한 6-1 승리. 리버풀은 1, 2차전 도합 11-1이라는 압도적인 스코어로 2라운드에 진출했다.

리버풀의 2라운드 상대팀은 당시 유럽 대회에서 맹위를 떨치고 있던 벨기에 명문 안더레흐트였다. 샹클리 감독은 안더레흐트와의 경기를 앞두고 한가지 묘안을 냈다. 전까지 리버풀이 사용하던 유니폼 컬러인 붉은 상의에 하얀색 바지 대신, 상 · 하의를 모두 붉은색으로 교체한 것이다. 그 이유는 상 · 하의를 붉은색으로 통일시키는 것이 상대에게 더 큰 '공포심'을 준다는 생각에서였다.

리버풀의 역사적인 첫 유럽 대회
준결승전 공식 프로그램

당시 〈리버풀에코〉의 기사를 보면 '오랫동안 붉은색 상의와 하얀색 하의를 입어 온 리버풀의 모습이 처음에는 이상하게 보였다'는 현장 기자의 의견이 나오기도 하지만, 적어도 샹클리 감독의 의도는 그대로 적중했다. 리버풀은 안더레흐트와의 1, 2차전에서 1실점도 내주지 않고 4골을 넣으며 합산스코어 4-0으로 다음 라운드에 진출했다.

결국 리버풀은 이 시즌, 처음으로 진출했던 유로피언컵에서 준결승까지 진출해 1년 전 같은 대회의 우승팀이자 이 시즌에도 결국 우승을 차지하게 되는 이탈리아의 명문 인터 밀란과 대결하게 되었다.

안필드에서 먼저 펼쳐진 양팀의 1차전 경기에서 리버풀은 유럽의 디펜딩 챔피언을 상대로 3-1 완승을 거두며 그들이 유럽 최고 레벨에서 경쟁할 수 있는 팀이라는 사실을 여실히 증명했지만, 밀라노에서 열린 2차전에서 0-3으로 패하며 아쉽게도 결승 진출에 실패하고 말았다.

이 두 번째 경기가 끝난 후 샹클리 감독은 주심의 판정에 문제가 있었다고 강경하게 지적하며 화제를 불러왔고, 경기 중에만이 아니라 그 외에도 리버풀이 여러 가지 불합리한 처우를 받았다는 보도가 뒤이어지기도 했다.

28 | 리버풀과 'YNWA'

전 세계 축구계에서 가장 유명한 응원가인 리버풀의 'YNWA(You Will Never Walk Alone)'가 처음 리버풀의 응원가가 된 시기 역시 1960년대 초반 빌 샹클리 감독이 리버풀을 이끌던 시점이었다.

그러나 최초의 'YNWA'는 리버풀 팬들이 자체적으로 만든 응원가라거나 리버풀 지역에서 최초로 만들어진 노래를 모티브로 하는 응원가가 아니었다. 사실 처음 YNWA라는 노래가 만들어지고 불렸던 무대는 1945년의 미국이었다. 그 해 미국에서 공연된 〈Carousel〉이라는 제목의 뮤지컬에서 이 노래가 처음으로 사용되었다. 현재도 유튜브를 통해 뮤지컬 제목과 노래 제목을 찾아보면 당시의 노래를 들어볼 수 있다. 그 원곡은 현재 리버풀 팬들이 부르는 YNWA와는 조금 다른, 더 슬픈 느낌이다.

'당신은 결코 혼자 걷지 않으리'라는 감동적인 제목과 가사에 서정적인 멜로디를 갖고 있던 이 노래는 그 후 세계 각지에서 다양하게 리메이크되기 시작했다. 영국에 이 노래가 소개된 것은 1963년, 당시 비틀즈와 함께 리버풀을 기점으로 머지비트 음악계를 이끌었던 '게리&페이스

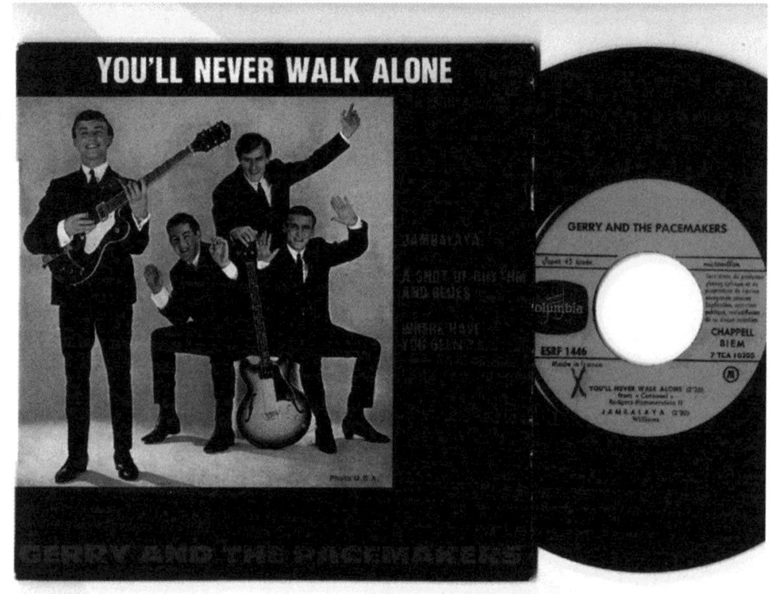

게리&페이스메이커의 'You Will Never Walk Alone' 음반

메이커'라는 밴드가 같은 곡을 다르게 해석해 부르면서부터였다. 그들이 부른 YNWA는 영국 노래 순위 차트에서 4주 동안 1위를 차지했다.

이 노래가 영국 전역에서 히트를 하면서 다양한 팀들이 YNWA를 응원가로 부르기 시작했다. 당시 리버풀 선수였던 토미 스미스는 리버풀이 그 노래를 응원가로 부르기 시작한 경위에 대해 "같은 해 게리&페이스메이커의 리더이자 싱어였던 마스덴이 프리시즌 일정을 보내고 있던 샹클리 감독에게 직접 그 노래가 담긴 음반을 선물했고, 샹클리 감독은 그 노래를 듣고 감탄했다"고 말하기도 했다.

그로부터 얼마 지나지 않아 리버풀의 홈구장 안필드에서 YNWA가

울려 퍼지기 시작했다. 현재 영상으로 남아 있는 가장 이른 시기의 증거는 1965년 FA컵 경기 도중 팬들이 그 노래를 부르는 영상이다. 당시 경기를 중계했던 BBC 중계자 역시 "안필드 '합창단'의 아름다운 노래였다"고 그에 대해 코멘트하기도 했다.

한편, 한때 맨유의 일부 팬들이 YNWA를 리버풀 팬들보다 먼저 불렀다는 주장이 제기되기도 했다.맨유 지역지 〈맨체스터 이브닝 뉴스〉가 맨유 팬의 증언을 토대로 기사화하면서 제기된 내용이었는데, 이 사연을 제보한 맨유 팬은 자신을 오페라 가수 출신이라고 소개하며 다음과 같이 밝혔다.

> 맨유가 1958년에 '뮌헨 참사'를 겪은 후, 맨유를 위로하기 위해 나와 주변 친구들이 맨유 팬들에게 함께 YNWA를 부르자고 권유했고, 그 후로 수천 명의 맨유 팬들이 올드 트래포드에서 그 노래를 불렀다. 리버풀 팬들이 안필드에서 부르기 전에 말이다.

그러나 이 주장이 제기된 후 리버풀 측은 공식적으로 다음과 같이 대응하며 반박했다.

> 우리가 알고 있는 바 공식적으로 YNWA가 처음 축구장에서 응원가로 불려진 것은 1963년의 안필드였다. 게리&페이스메이커의 노래가 발표된 이후에 말이다.

위 사연에서 알 수 있듯 그 최초의 유래가 1945년 미국에서 나온 곡이었고, 이후 10년이 넘는 시간이 흐른 뒤에 영국에서 대중적으로 유행한 노래였기 때문에 YNWA를 응원가로 채택하고 있는 클럽은 리버풀만이 아니었다. 현재도 그렇다. 셀틱(셀틱 역시 한때 그들이 리버풀보다 먼저 YNWA를 응원가로 불렀다고 주장한 바 있다), 도르트문트, 페예노르트 등 유럽의 많은 명문 클럽과 FC 도쿄를 포함한 전 세계 각지의 클럽들이 홈구장에서 같은 응원가를 부르고 있다.

그러나 마치 '콥 스탠드'의 경우가 그랬던 것처럼 현재까지 이 응원가를 사용하는 축구 클럽들 중 축구 팬들의 마음속에 '최고'로 떠오르는 클럽은 리버풀임이 분명하다.

29 | 1965년 5월 리버풀의 첫 번째 FA컵 우승

1964/1965시즌, 리버풀은 잉글랜드 1부 리그 전 시즌 우승팀의 자격으로 유로피언컵, FA컵까지 병행하면서 리그에서는 지난 시즌의 모습을 이어 가지 못한 채 7위에 그쳤다. 그러나 이 시즌 그들은 유로피언컵에서 인상적인 모습을 보여 줬을 뿐 아니라, 구단의 73년 역사상 단 한 번도 달성하지 못했던 기념비적인 성과를 이뤄 내게 되었다. 리버풀 역사상 첫 FA컵 우승이 그것이다.

이 시즌 FA컵에서 웨스트 브롬, 스톡포트 시티, 볼튼, 레스터 시티, 그리고 첼시를 꺾고 결승전에 진출한 리버풀은 결승전에서 1960~70년대 돈 레비 감독의 지도 아래 잉글랜드 축구의 강자로 군림했던 리즈 유나이티드와 격돌하게 되었다.

1960년 5월 1일, 웸블리 스타디움에서 만난 두 팀은 각각 붉은색 상 · 하의와 하얀색 상 · 하의를 입고 두 감독의 인도 아래 경기장에 들어와 결승전을 시작했다.

양팀은 모두 날카로운 공격을 시도했지만 골키퍼들의 선방이 연이어지면서 정규 시간은 0-0으로 종료되었다. 그러나 연장전이 시작되자 경기의 양상은 크게 달라지기 시작했다. 두 팀 중 먼저 골 포문을 연 것은 리버풀의 로저 헌트였다. 그는 자신의 좌측으로부터 이어진 크로스를 방향만 바꿔 놓는 영리한 헤딩으로 연결하며 리버풀에 리드를 안겼다.

리즈도 쉽게 무너지지 않았다. 리즈의 가장 위대한 레전드 중 한 명으로 남아 있는 빌리 브렘너가 얼마 지나지 않아 동점골을 터뜨린 것이다. 후반전 들어 터진 두 골에 웸블리 스타디움의 열기는 점점 더 고조되어 갔다.

그리고 연장 후반전 8분, 73년 동안 이어진 리버풀의 FA컵 우승이라는 열망에 마침표를 찍는 골이 터졌다. 골의 주인공은 샹클리 감독이 반드시 영입해야 한다고 강하게 주장하며 데려온 바로 그 공격수인 이안 세인트 존이었다.

결승전 종료 휘슬이 불린 후, 리버풀 선수들은 주장 론 예이츠를 따라 웸블리 스타디움의 시상식으로 걸어 올라갔고, 그곳에서 예이츠는 젊은 시절의 엘리자베스 여왕이 직접 수여한 FA컵 우승 트로피를 웃는 얼굴로 들어 올렸다.

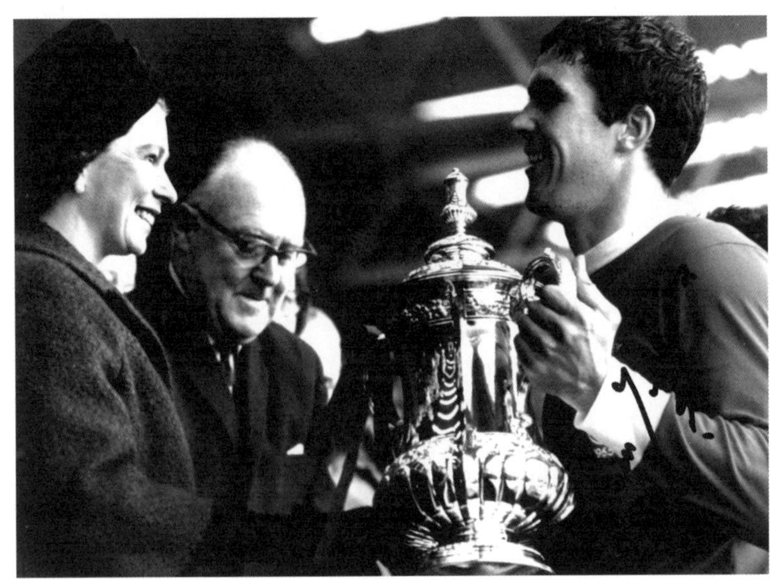

엘리자베스 여왕에게 FA컵 트로피를 수여 받는 주장 예이츠

직전 시즌의 리그 우승. 그리고 이 시즌에 이룬 FA컵 우승과 유로피언컵 준결승전 진출, 그리고 그 과정에서 오늘날까지 이어지고 있는 리버풀 특유의 유니폼 색상 변경까지. 1964/1965시즌은 리버풀이 이제 완전히 다른 클래스의 팀이 됐다는 것을 보여 주는 상징적인 해였다.

30 | 1965/1966시즌 또 한 번의 리그 우승과 첫 유럽 대회 결승전

1965/1966시즌은 잉글랜드 국내 리그 차원만이 아니라, 국외적으로도 잉글랜드에게 아주 깊은 의미가 있는 해였다. 1966년 잉글랜드에

서 개최된 월드컵으로 축구에 대한 열기가 그 어떤 때보다도 뜨거웠던 시기이기도 했고, 잉글랜드는 바로 그 해에 드디어 최초이자 2018년 기준 마지막으로 월드컵 우승을 차지했다.

잉글랜드의 1966년 월드컵 우승은 우연히 발생한 일도 아니었고, 단순히 자국에서 열린 대회라는 이유만으로 우승이 가능했던 것도 아니었다. 한마디로 말해서 1960년대는 잉글랜드 축구계의 전성기였다고 봐도 무방하다. 당시의 잉글랜드는 샹클리 감독의 리버풀이 이제 막 정상으로 올라서고 있었고, 1950년대를 군림했던 맷 버즈비 감독의 맨유는 '뮌헨 참사'로 인한 피해를 극복하고 차츰 리빌딩에 성공하고 있었다. 1930년대 일찍이 전성기를 맞이한 아스널은 그 이후로 언제든 우승을 할 수 있는 전력을 갖춘 팀이었고, 창단 50주년을 맞았던 1955년대에 첫 리그 우승을 차지했던 첼시 역시 1960년대와 1970년대에 비로소 잉글랜드 축구의 강자로 올라섰다. 토트넘은 구단 역사상 최고의 감독인 빌 니콜슨 감독의 지도 아래 잉글랜드 클럽 중 유럽 대항전에서 가장 먼저 우승을 차지했다.

그들만이 아니었다. 당시의 잉글랜드 리그는 위와 같은 유명 클럽들이 모두 막강한 전력을 뽐내는 시점이었음에도 불구하고 울버햄튼, 에버턴, 리즈 유나이티드, 입스위치, 맨시티 등이 위 5개 팀과 우승 경쟁을 하고 때로는 리그 우승까지 차지할 정도로 '춘추전국시대'와 같았다. 그런 상황을 감안하면 잉글랜드 대표팀이 1966년 월드컵에서 우승을 차지했다는 것이 또 다른 각도에서 보일 것이다.

그리고 그렇게 잉글랜드 축구가 절정에 다다랐던 시기인 그 1960년

리버풀 레전드로 잉글랜드의
월드컵 우승에도 기여했던 로저 헌트

대, 그리고 그 1966년 월드컵 직전, 잉글랜드의 리그 챔피언은 다름 아닌 '리버풀'이었다.

1964/1965시즌 대망의 FA컵 우승을 차지했지만 리그에서는 7위에 그쳤던 리버풀은 1965/1966시즌 내내 단 15명의 선수만을 기용하면서 리그 2위를 차지했던 리즈 유나이티드를 승점 6점 차로 따돌리고 2년 만에 다시 리그 우승 트로피를 들어 올렸다. 골키퍼 토미 로렌스, 수비수 론 예이츠와 게리 번, 토미 스미스, 미드필더 이안 캘러한은 거의 전 경기에 출전했고, 공격수 로저 헌트는 29골을 터뜨리며 득점왕을 차지했다. 이 시즌 후반 리버풀과 만난 첼시가 리버풀 선수단이 입장할 때 '가드 오브 아너'를 해주는 영상도 남아 있다. 특히 헌트는 이 시즌 최고의 활약 덕분에 1966년 월드컵 대표팀에 승선하여 잉글랜드가 우승을 차지하는 과정에서 전 경기에 출전해 세 골을 터뜨렸다.

샹클리 감독 부임 이후 두 번째로 차지한 리그 우승 외에도, 이 시즌 리버풀의 가장 큰 하이라이트는 직전 시즌 FA컵 우승팀의 자격으로 출전한 유로피언 컵위너스컵 결승전 진출이었다.

1966년 5월 5일, 월드컵 개막을 한 달여 앞두고 열린 리버풀의 첫 유럽 대회 결승전에서 리버풀이 상대한 팀은 보루시아 도르트문트였다. 결승전까지 유벤투스, 셀틱 등 각국을 대표하는 명문 클럽들을 제압하고 올라간 리버풀은 헌트가 후반전에 골을 터뜨렸으나 결국 도르트문트에 두 골을 내주며 1-2로 패하고 말았다.

그러나 이전 시즌의 유로피언컵 준결승 진출과 이 시즌의 컵위너스컵 결승 진출은 샹클리 감독에게, 또 리버풀 선수 출신으로 이 당시 샹클리의 코치로서 그를 바로 옆에서 보좌하고 있던 밥 페이슬리 두 사람에게 아주 커다란 교훈으로 남았다. 두 사람은 이 경험을 통해 훗날 리버풀을 이끌고 유럽을 제패하는 초석을 다지게 되었다.

31 | 1966/1967시즌 샹클리 vs 크루이프

잉글랜드가 월드컵에서 우승을 차지한 직후 재개된 1966/1967시즌부터 1969/1970시즌까지, 리버풀은 샹클리 감독 체제하에서 일종의 '과도기' 상태를 겪게 되었다.

그 시작점이었던 1966/1967시즌의 경우 월드컵 전 경기에 출전했던 로저 헌트의 부진이 한 가지 결정적인 요인으로 작용했다. 또 유로피언컵에서는 10대의 요한 크루이프가 활약한 아약스에게 패해 16강에서 일찌감치 탈락했다. 자존심이 강한 샹클리 감독은 암스테르담에서 열렸던 1차전 원정경기(1-5 패배)를 떠올리며 "안개가 너무 자욱해서 경기가 시작되지도 말아야 했다"고 말했지만, 그들은 안필드에서 열린 홈경기에서도 2-2 무승부에 그치며 아약스를 꺾지 못했다.

반대로 1970년대 유럽 최고의 스타가 되는, 그리고 오늘날까지도 가장 위대한 유럽 선수 중 한 명으로 꼽히는 요한 크루이프는 리버풀에 대한 큰 존경심을 공개적으로 드러내며 이때 리버풀을 상대로 거둔 승리가 이후 아약스의 성공에 밑바탕이 됐다고 고백했다.

2018년 한국에서도 출간된 그의 자서전에는 다음과 같은 내용이 소개되어 있다.

> 내가 1군에서 뛴 첫 시즌인 1965/1966시즌에 리그 우승을 차지한 아약스는 1966/1967 유로피언컵 2라운드에서 리버풀을 만났다. 당시 리버풀은 잉글랜드 최고의 클럽 정도가 아니라 세계에서 가장 강한 팀 중 하나였다. (중략)
> 우리는 잉글랜드 우승팀을 말 그대로 '날려' 보냈다. 암스테르담에서 열린 1차전의 최종 스코어는 5-1이었다. 경기가 끝나고 리버풀의 빌 샹클리 감독이 말도 안 되는 결과라며 홈에서 열릴 2차전은 7-0으로 이길 것이라고 말한 것이 지금도 생각난다. 그로부터 일주일 후, 우리는 또 다른 차원의 쾌거를 이루었다. 나는 안필드의 피치에 서서 소름을 느꼈다. 상대 선수들이 두려워서가 아니라 그 분위기 때문이었다. 그곳의 콥 스탠드에는 유럽에서 가장 열광적인 팬들이 있었다. 그들은 경기 내내 노래를 불렀다. 나는 그곳에서 뛰는 것

이 정말 즐거웠다. (중략)

다음 라운드에 진출했다는 기쁨에 더해서 그날 안필드의 광경은 그 후로도 오랫동안 내 마음에 남았다. 당시의 나는 최고 수준의 축구를 한 지 아직 몇 시즌 되지 않았고, 축구를 그렇게 사랑하고 팀의 승리를 그렇게 바라는 팬들은 처음 보았다. 그 모습에 나도 언젠가 잉글랜드에서 뛰고 싶다고 생각했다. 안타깝게도 그 꿈은 이루어지지 않았지만. 당시에는 외국 선수가 클럽에서 뛰는 데 제약이 많았다. 지금도 나는 그게 정말 아쉽다. (중략)

리버풀전 승리는 이제 아약스가 옳은 방향으로 가고 있음을 증명했다. 리버풀을 만나기 전까지 우리는 정말로 네덜란드 밖에서는 아무도 모르는 팀이었다. 리버풀전 이후, 모든 것이 달라졌다.

결국 리버풀은 월드컵 직후 시즌이었던 1966/1967시즌을 리그 5위에 무관이라는 다소 실망스러운 성적으로 끝냈다. 반대로 이 시즌 우승을 차지했던 것은 버즈비 감독의 맨유였다. 맨유는 이 우승을 통해 그들이 뮌헨 참사에서의 충격에서 벗어나 완벽한 리빌딩에 성공했음을 만천하에 공표했다.

32 1967~1971년, 샹클리 체제 '무관'의 시절과 리빌딩의 시작

1966/1967시즌의 무관 이후 샹클리 체제의 리버풀에도 리빌딩이

필요하다는 인식이 서서히 대두되기 시작했다. 그 결정적인 신호탄은 1969/1970시즌의 FA컵 8강 경기로, 리버풀은 당시 2부 리그에 소속되어 있던 왓포드에 0-1 패배를 당했다. 경기 결과보다도 더 실망스러웠던 것은 경기력이었다. 결국 이 시기를 전후로 리버풀은 대대적인 리빌딩에 돌입하게 되었다.

이 시기는 리버풀에게 있어 무관의 시간이었지만, 그들에게 아무런 소득이 없었던 것은 아니었다.리빌딩을 진행하는 과정에서 샹클리 감독은 리버풀 선수 출신이었던 조프 트웬티맨이라는 인물을 수석 스카우트로 임명해 이후 리버풀을 위해 새로운 선수들을 발굴하는 임무를 맡겼는데, 그를 통해서 훗날 리버풀에 입단하게 되는 대표적인 선수가 바로 리버풀 역대 최다 골 기록 보유자인 이안 러쉬다. 리버풀 레전드 수비수 필 닐, 앨런 핸슨도 모두 그의 추천으로 리버풀 유니폼을 입었다.

위의 세 선수들은 모두 샹클리 감독 후대에 주로 활동한 선수들이었지만, 이 시기에 리버풀에 입단한 선수들 중에도 오늘날까지 사랑받는 레전드들이 있다. 1967년 리버풀에 입단한 골키퍼 레이 클레멘스, 수비수와 미드필더로 활약했고 이후 잉글랜드 대표팀 주장이 되는 에밀린 휴즈, 1970년에 입단한 공격수 존 토샥, 윙어 스티브 하이웨이 등이 그 주인공들이다.

이들 중 특히 하이웨이의 경우에는 1970년대 리버풀 팬들에게 큰 사랑을 받았을 뿐 아니라 1990년대에 리버풀 아카데미를 이끌면서 당시 리버풀을 통해 배출되어 세계적인 스타로 성장하는 유망한 선수들에게 큰 도움을 주게 된다. 대표적으로 스티븐 제라드, 제이미 캐러거, 마이클

패배했음에도 팬들의 뜨거운 환호를 받은 샹클리 감독

오웬, 로비 파울러, 스티브 맥마나만 등이 모두 하이웨이가 이끌던 리버풀 아카데미를 통해 성장한 스타들이다.

리버풀의 리빌딩 작업이 서서히 완성 단계에 다다르면서 그들은 1970/1971시즌에 인터시티스 페어스컵에서 바이에른 뮌헨을 만나 합산스코어 4-1로 승리했고 FA컵 결승에도 진출하는 등 이전과 확연히 달라진 모습을 보여주기 시작했다.

1970/1971시즌 리버풀의 FA컵 결승전 상대는 아스널이었다. 리버풀은 스티브 하이웨이의 골로 우승에 가까워지는 듯했으나 아스널에 두 골을 내주며 무관 탈출의 기회를 놓치고 말았다. 반대로 아스널은 이 승리로 리그 우승과 FA컵 우승을 동시에 이뤄 내며 구단 역사상 첫 더블

을 차지하게 되었다.

한편, 이 FA컵 결승전에서 패배한 후 리버풀에 돌아오던 날, 샹클리 감독은 지금까지도 널리 회자되는 유명한 연설을 남겼다. 그는 이날 패했음에도 불구하고 기차역 앞에서 선수단을 맞이하기 위해 미리 나와서 그들을 기다리고 있던 팬들 앞에서 한쪽 바지 주머니에 한 손을 찔러 넣은 채 강한 태도로 다음과 같이 말했다.

> 내가 리버풀 감독이 된 후, 나는 리버풀의 선수들에게 그들이 여러분을 위해 뛸 수 있다는 것은 대단한 특권이라고 늘 말해 왔다. 그들은 나의 말을 믿지 않았다. 그러나 지금은 믿는다.

그의 말을 들은 팬들은 샹클리의 이름을 연호하며 환호했다. 팀이 5년 동안 무관에 그쳤고 지금 막 FA컵 결승전에서 패했음에도 불구하고 샹클리 감독에 대한 당시 리버풀 팬들의 신임이 얼마나 절대적이었는지를 상징적으로 보여 주는 장면이었다.

33 | 1971년, 케빈 키건의 입단과 **리버풀의 '터닝포인트'**

대략 5년에 걸쳐 진행된 샹클리 감독의 팀 리빌딩에 마침표를 찍은 주인공은 당시 잉글랜드 축구계에서 주목받던 스무 살 유망주 케빈 키건이었다. 리버풀에 입단하기 전 스컨도프 유나이티드에서 뛰던 키건은

샹클리 감독 하에서 리버풀의 리빌딩을 이끌었던 듀오 케빈 키건과 존 토샥

샹클리 감독을 만나 리버풀에 입단하면서 리그 내 최고의 공격수로 성장했고, 훗날에는 두 차례 발롱도르를 차지하는 유럽 최고의 선수로 성장했다.

키건은 1971년 8월, 안필드에서 열린 노팅엄 포레스트와의 경기이자 자신의 리버풀 데뷔전에서 12분 만에 골을 터뜨렸다. 환상적인 데뷔전 이후 샹클리 감독은 키건을 원래 뛰던 측면 미드필더가 아닌 공격수로 기용했고, 키건과 존 토샥은 리버풀 구단 홈페이지에서 직접 '텔레파시가 통하는 듯한 호흡'이라고 표현할 정도로 뛰어난 조합을 선보이며 리버풀 공격을 이끌게 된다.

두 공격수가 이끈 '젊은' 리버풀은 이 시즌 마지막 경기까지 리그 우승 경합을 벌였지만 결국 아쉽게도 승점 1점 차이로 리그 우승에 실패하게 되었는데, 이해 리그 우승을 차지한 팀은 샹클리, 페이슬리와 함께 1970년대 잉글랜드 축구계 최고의 감독이었던 브라이언 클러프 감독의 더비 유나이티드였다.

비록 우승에는 실패했으나 케빈 키건의 합류, 그리고이 시즌 마지막까지 이어졌던 리버풀의 우승 도전은 다음 시즌 리버풀이 대망의 더블을 달성하는 데 아주 중요한 역할을 했다.

키건은 리버풀에서 보낸 시기가 그리 길지 않았고, 또 그를 대체해서 리버풀에 입단했던 선수(케니 달글리쉬)가 클럽 최고의 레전드로 자리 잡은 탓에 실제로 그가 보여 줬던 것보다 그 가치가 저평가되는 경향이 있다.

그와 함께 리버풀에서 활약했던 토샥은 키건에 대해 "키건처럼 훈련을 열심히 하는 선수는 본 적이 없다"고 말했고, 리버풀 최다 출전 기록 보유자 캘러한은 "키건은 조지 베스트 이후 최고의 테크니션이자 스타였다"고 평가하기도 했다.

34 | 1972/1973시즌 리버풀의 첫 유럽 대회 우승과 '더블'

1972/1973시즌, 리버풀의 7년 무관 행진이 드디어 그 막을 내렸다. 그것도 마치 이 순간을 기다리기라도 했던 것처럼 최고의 결과와 함께.

직전 시즌 승점 1점 차이로 리그 우승을 놓쳤던 리버풀은 새 시즌 시작과 함께 홈에서 열린 두 맨체스터 팀과의 경기에서 나란히 2-0 승

1972/1973시즌 더블을 차지했던 리버풀 스쿼드

UEFA컵 트로피를 손에 든 샹클리

리를 거두면서 5경기 4승 1무의 성적으로 쾌조의 출발을 했다. 키건과 토샥이 나란히 13골을 터뜨린 리버풀은 리즈, 아스널과 1위 경쟁을 벌인 끝에 결국 2위 아스널보다 승점 3점이 앞선 채 리그 우승을 달성했다.

7년 만에 차지한 우승의 기쁨이 채 가시기도 전에, 리버풀 구단 역사의 관점에서 보면 더욱 중요한 경사가 찾아왔다. 1973년 5월 10일과 23일, 독일의 보루시아 묀헨글라드바흐와 가진 UEFA컵 결승전에서 1, 2차전 합산 스코어 3-2로 우승을 차지하며 처음으로 유럽 대회에서 우승을 차지하게 된 것이었다. 이 세 골 중 가장 중요한 두 골을 터뜨린 것은 다름 아닌 케빈 키건이었다.

이 때 리버풀의 첫 유럽 대회 우승에 결정적인 기여를 한 한 명의 레전드가 더 있었는데, 그 주인공은 리버풀 구단 역사상 최고의 골키퍼 중 한 명으로 손꼽히는 레이 클레멘스였다. 클레멘스는 두 팀의 1차전 경기에서 묀헨글라드바흐의 페널티킥을 선방해 내며 팀이 3-0 승리를 거두는 데 기여했다. 만약 그 페널티킥이 들어갔다면, 우승팀은 원정골 우선 원칙에 의해 리버풀이 아닌 묀헨글라드바흐가 될 수도 있는 상황이었다.

참고로, 클레멘스가 막은 그 페널티킥을 찼던 선수는 훗날 바이에른 뮌헨의 명장이 되는 유프 하인케스였다. 하인케스는 2차전에서 홀로 두 골을 터뜨리며 분전했지만 리버풀의 우승을 막는 데는 실패했다.

샹클리 감독은 우승 소감을 밝히는 자리에서 의미심장한 말을 남겼고, 그의 말은 미래에 현실이 되었다.

> 이번이 우리의 첫 유럽 대회 우승이다. 그 동안 몇 차례 기회를 놓치긴 했지만 앞으로 더 많은 우승이 따라올 것이다.

35 | 1974년 5월 4일, FA컵 우승과 샹클리 감독의 은퇴 발표

1973년의 더블 달성으로 빌 샹클리 체제에서 다시 한번 잉글랜드와 유럽의 챔피언이 된 리버풀은 다음 시즌 리즈에 밀려 리그에서는 2위에 그쳤지만, FA컵 결승전에서 뉴캐슬에 완벽한 3-0 승리를 거두었다. 이날 리버풀의 득점자는 키건(2골)과 스티브 하이웨이였다.

그러나 이 결승전의 기쁨을 채 만끽하기도 전에 리버풀 팬들은 청천벽력 같은 소식을 듣게 되었다. 리버풀의 부흥을 이끈 정신적인 지주와도 같던 샹클리 감독이 돌연 은퇴를 발표했기 때문이다.

샹클리 감독이 은퇴 의사를 밝힌 것은 1974년 7월 12일의 일이었다.

리버풀 구단에서 긴급 소집한 기자회견에서 리버풀 이사 측은 “정말 유감스럽게도 샹클리 감독이 은퇴의 의사를 밝혔다”고 발표했다. 그의 옆에 앉아 있던 샹클리 감독은 조용히 그 자리를 지켰다. 소식이 전해진 직후 리버풀 시민들은 모두 이를 믿을 수 없다며 그 소식이 잘못된 정보일 것이라는 반응을 보이기도 했다.

그 후로 갑작스러웠던 샹클리 감독의 은퇴 이유가 무엇인지에 대한 많은 추측이 이어졌다. 은퇴 의사를 밝히는 자리에서 샹클리 본인은 지난 십여 년 간의 시간 끝에 피로를 느낀다고 직접 언급했다. 그러나 그 이후 샹클리 감독은 자신의 은퇴를 결심한 중요한 이유 중 하나가 아내를 위해서였음을 밝힌 바 있다.

36 리버풀의 운명을 바꾼 남자 빌 샹클리

1959년 리버풀 감독으로 부임해서 1974년 은퇴를 발표하기까지 15년간 리버풀을 이끌었던 빌 샹클리 감독은 분명 리버풀이라는 구단 전체의 운명을 크게 바꾼 주인공이었다. ‘샹클리가 없었다면 오늘날의 리버풀도 없었을 것이다’라는 말은 아주 자주 나오는 클리셰이지만 동시에 진리이기도 했다.

샹클리 감독의 부름을 받아 리버풀과 인연을 맺고 오늘날까지 사랑받는 레전드들은 과거 샹클리 감독의 다큐멘터리 제작을 위한 인터뷰에서 다음과 같이 말했다.

안필드에 전시된 빌 샹클리의 흔적들

샹클리 감독은 진정으로 위대한 인물이었다.

나는 다시는 그런 인물을 만날 수 없을 것이라고 생각한다.

—론 예이츠

의심의 여지 없이 샹클리는

오늘날 리버풀의 모든 기반을 닦은 사람이었다.

—폴 클레멘스

오늘 리버풀의 모든 것은 샹클리로부터 시작된 것이다.

—이안 캘러헌

또한 샹클리가 발굴하고 이후 맨유에서 1960년대 유럽 최고의 공격 트리오 중 한 명이 되었던, 그 후로도 샹클리와 가까운 사이로 지냈던 데니스 로는 이렇게 말했다.

> 샹클리는 나를 축구계로 인도한 사람이었고 축구선수로서뿐 아니라 사람으로서도 나에게 아주 큰 영향을 준 사람이었다.

샹클리는 단순히 뛰어난 감독일 뿐 아니라, 사람들의 마음을 사로잡는 압도적인 능력을 가진 인물이었다. 리버풀 팬들과 언론, 그리고 리버풀을 지켜보는 거의 모든 이들이 그의 한마디 한마디에 감탄하고 또 마음을 사로잡혔다. 샹클리 감독 시절 리버풀에 입단해 이후 감독 대행 및 코치로서도 활약하는 필 톰슨은 샹클리 감독이 "최고의 모티베이터이자 선수들을 자신이 세계 최고의 선수라고 믿게 만들었던 감독"이었다고 평가했다.

그 외에도 샹클리와 관련된 유명한 일화는 수없이 많다. 그 중 가장 대표적인 에피소드는 1972/1973시즌 리그 우승을 차지한 후 한 팬이 자신에게 던져 준 리버풀 스카프를 경찰관이 옆으로 팽개치자, 경찰관에게 "그렇게 하지 마라. 이건 아주 소중한 것이다"라며 쏘아붙였던 일이다. 물론, 안필드의 팬들이 눈앞에서 지켜보는 상황에서 말이다. 자신들을 위해 경찰관에게 일갈하는 감독의 모습을 보는 팬들이 얼마나 큰 감동을 느꼈을지 충분히 미루어 짐작해 볼 만하다.

그는 리버풀의 유니폼 상·하의를 모두 붉은 색으로 바꾼 것 외에도 또 한 가지 현재까지 이어지는 위대한 유산을 남겼다. 그가 설치한 선수 입장 터널 부근의 액자 속 'This is Anfield(여기는 안필드다)'라는 문구가 새겨진 포스터는 지금도 리버풀의 홈구장 안필드를 상징하는 심볼 중 하나로 인식되고 있다. 샹클리 감독은 그 액자를 설치한 이유에 대해 직접 다음과 같이 설명했다.

This is Anfield

> 우리는 선수들이 드레싱룸을 떠나 피치로 나가는 위치에 그 사인을 설치해 놨다. 이것은 심리적인 이유로, 상대 선수에게 위압감을 주기 위한 목적이었다.

참고로, 이렇게 샹클리 감독의 의지를 담아 액자를 내건 후 가진 첫 번째 홈경기에서 리버풀은 뉴캐슬에 5-0 승리를 거뒀다. 지금도 안필드에서 펼쳐지는 경기에서 선수들이 그 액자를 가볍게 만진 후 입장하는 모습이 중계 카메라에 잡힌다면, 이미 그 장면 안에 샹클리의 유산이 숨쉬고 있는 것이다.

달변가였던 샹클리는 감독 시절 수많은 명언을 남기기도 했다. 워낙 그의 어록이 많아 일부 그가 실제로 하지 않은 말들이 그가 한 말처럼 여겨지는 경우도 있는데, 그가 직접 남긴 말들 중 가장 중요하면서도 유명한 것들은 다음과 같다.

리버풀은 나를 위해 만들어졌고, 나는 리버풀을 위해 만들어졌다.

나는 리버풀을 무적의 요새로 만들고 싶었다. 과거 나폴레옹이 세계를 정복할 꿈을 꿨던 것처럼. 나는 리버풀이 누구도 감히 건드릴 수 없는 팀으로 만들고 싶었다. 언젠가 모두가 인정하고 받아들이는 팀이 될 때까지 더 성장하고 또 성장하는 팀으로 만들고 싶었다.

비틀즈나 다른 가수들은 잊어버려라. '더 콥'에서 나는 소리가 진짜 리버풀의 소리다.

사람들은 축구를 '생사가 달린 문제'라고 생각한다. 나는 그런 태도가 아주 실망스럽다. 나는 여러분에게 축구는 그것보다도 훨씬, 훨씬 더 중요한 것이라고 장담할 수 있다.
축구팀에게 가장 중요한 것은 저 회전문을 넘어서 들어오는 사람들이다. 감독은 반드시 그와 팬들을 동일시해야 한다.

샹클리 감독이 리버풀에서 은퇴한 후, 한동안 다소 불미스러운 일이 있었던 것 역시 사실이었다. 그가 팀을 떠난 후에도 훈련장에 모습을 드러내자 선수들은 페이슬리 감독이 아닌 그를 감독이라고 부르기도 했다. 이는 어쩌면 리버풀을 떠났어도 리버풀을 너무 사랑했던 샹클리 감독 본인과 샹클리 이후의 시대를 살아가야만 하는 리버풀 구단 사이의 필연적인 갈등이었을지도 모른다.

안필드의 샹클리 감독 동상

그러나 그런 갈등은 샹클리가 리버풀에 남긴 위대한 유산에 비하면 너무나도 사소한 것이었다. 1981년 9월 샹클리 감독이 심장 마비로 세상을 떠난 뒤 그가 생전에 스스로 원했던 대로 그의 화장 후 시신의 재가 콥 스탠드 앞 안필드 피치 위에 뿌려졌다. 그로부터 1년 뒤 1982년 8월 안필드에 샹클리 게이트가 세워졌고, 얼마 후에는 샹클리 감독의 동상이 제작되었다. 지금도 안필드를 찾아가면 제일 먼저 눈에 띄는 이 동상 앞에 짧지만 분명히 그에 걸맞은 한마디가 새겨져 있다.

그는 사람들을 행복하게 만들었다.

CHAPTER 4.

1974~1985년

밥 페이슬리와 리버풀의 황금기

샹클리 감독의 갑작스러운 사임은 리버풀 클럽과 선수단, 그 팬들까지 모두를 깊은 충격에 빠지게 만들었다. 샹클리를 대체할 수 있는 사람이 있을 거라고 믿는 이들은 아무도 없었다. 그러나 그 어려운 순간에 전면에 등장한, 그때까지 샹클리 감독의 성공을 조용히 옆에서 보좌했던 한 남자는 리버풀을 유럽 최정상까지 올려 놓는다. 이제 잉글랜드 출신 감독 중 최고의 명장으로 꼽히는 밥 페이슬리와 리버풀의 황금기가 펼쳐진다.

Chapter 4.

밥 페이슬리와 리버풀의 황금기
1974~1985년

37 | 1974년, '조용한 천재' 밥 페이슬리의 리버풀 감독 취임

1974년 7월 26일, 영원히 끝나지 않을 것 같았던 샹클리 감독의 재임 기간이 끝나고 '조용한 천재' 밥 페이슬리가 정식 리버풀 감독으로 부임했다. 샹클리 감독 시절에는 코치로 그를 보좌했던 페이슬리 감독은 그 누구보다 샹클리가 팀에 남도록 설득하기 위해 노력했던 인물이었지만, 결국 누군가는 샹클리의 뒤를 이어서 리버풀을 끌고 나가야 한다는 사실이 명확해지자 그는 결국 자신이 그 선장이 되기로 결심했다.

감독 부임 직후 페이슬리 감독은 선수들을 모아 놓고 이렇게 말했다.

나는 샹클리가 한 것 중 아무 것도 바꾸지 않을 것이다. 우리는 지금까지 했던 방식 그대로 앞으로 나아갈 것이다. 나는 다만 우리가 그의 시기보다 더 잘하도록 만들 것이다.

페이슬리 감독 시절 팀의 핵심적인 역할을 했던 수비수 필 톰슨은 당시의 상황에 대해 이렇게 말했다.

페이슬리 감독은 분명 샹클리 감독처럼 언론이나 팬들 앞에서 유려하게 말을 할 줄 아는 감독은 아니었다. 그러나 당시 리버풀 선수들은 모두 페이슬리 감독이 이미 코치 시절부터 축구적으로도, 그 외의 부분에서도 얼마나 뛰어난 사람인지 알고 있었다. 그래서 우리는 그가 새 감독이 된 것에 대해 자신이 있었다.

그렇게 리버풀의 밥 페이슬리 시대, 다르게 말하면 리버풀의 최고 전성기가 시작되었다.

38 | 리버풀 감독 이전의 밥 페이슬리

밥 페이슬리 감독은 1919년 뉴캐슬 인근에 위치한 더럼이라는 주의 작은 광산 마을에서 태어났다. 샹클리와 마찬가지로 어린 시절 광산에서 일을 하기도 했던 그는 십대 시절부터 축구에 재능을 보였고, 아마추

밥 페이슬리

어 클럽인 비숍 오클랜드에서 잠시 뛴 후 19세의 나이에 리버풀에 입단하게 되었다.

그러나 그가 팀에 입단한 지 얼마 되지 않아 발발한 제2차 세계대전의 영향으로 그는 1946년이 되어서야 리버풀에서 정식 데뷔전을 치르게 되었다. 선수 시절 레프트 하프로 많은 경기에 출전한 페이슬리는 1946/1947시즌 34경기에 출전하며 팀의 리그 우승에 큰 기여를 했다. 1951/1952시즌에는 팀의 주장으로 활약하기도 했다.

페이슬리는 선수로서 은퇴한 후 리버풀에서 지도자 생활을 시작했지만 그가 처음부터 코치로 일했던 것은 아니었다. 특이하게도 그는 팀의 물리 치료사로 일하기 시작해 이후 리저브팀 코치가 되었다. 그래서 당시 리버풀 역사를 다룬 책을 찾아보면 선수들의 부상 부위를 살피고 있는 페이슬리의 모습도 어렵지 않게 찾아볼 수 있다. 『누구보다 아스널 전문가가 되고 싶다』를 읽은 독자라면 알겠지만, 아스널 역시 물리 치료사 출신인 버티 미 감독이 1966년부터 팀을 이끌며 1970/1971시즌 더블을 이끈 바 있다.

1959년, 샹클리 감독의 리버풀 부임은 리버풀이라는 클럽 전체의 운명을 바꿔 놓았고, 이는 페이슬리에게도 예외가 아니었다. 샹클리 감독은 부임 직후부터 페이슬리를 포함한 기존 코치들에게 굳건한 신임을 보냈고 샹클리, 페이슬리의 완벽한 조합은 리버풀의 성공에 가장 큰 원동력이 되었다.

빌 샹클리 감독의 일대기를 쓴 스티븐 켈리는 두 사람에 대해 이런 말을 남기기도 했다. 지금까지도 영국 내에서 정설처럼 받아들여지며 자주 회자되고 있는 표현이다.

> 리버풀이라는 클럽을 이끌고 그 원동력이 된 것은 샹클리였지만, 리버풀의 전술가는 페이슬리였다.

39 | 1976년 5월
페이슬리의 첫 리그 우승

페이슬리 감독 시절 리버풀에 입단한 리버풀 레전드 그레엄 수네스는 페이슬리 감독에 대해 "선수를 보는 눈이 가장 뛰어난 감독"이라고 평가했다. 페이슬리의 그런 면은 감독 부임 직후부터 드러났다.

샹클리 감독이 사임 직전 아스널에서 영입해 온 공격수 레이 케네디의 예가 대표적이다. 페이슬리 감독은 케네디가 공격수보다 미드필더로 뛸 때 더 좋은 활약을 할 수 있을 거라고 믿었고, 실제로 케네디는 페이슬리 감독의 말대로 포지션을 변경한 후 모든 상대팀 선수들이 두려워하는 뛰어난 득점력의 미드필더로 거듭났다. 또 이 시즌 페이슬리 감독이 영입한 두 수비수 필 닐과 테리 맥더못은 이후 리버풀이 유럽을 제패하는 데 중추적인 역할을 하게 된다.

지휘봉을 잡은 첫 시즌이었던 1974/1975시즌 아쉽게도 리그 2위에 그쳤던 페이슬리 감독은 그 다음 시즌이었던 1975/1976시즌 5월 4일 리그 우승을 위한 가장 결정적인 경기에서 키건, 토샥, 케네디의 골로 3-1 승리를 거두며 2위 QPR을 승점 1점 차로 따돌리고 리그 우승을 차지했다.

이 우승을 기점으로 페이슬리 감독의 리버풀은 어떤 시대의 어떤 강팀과 비교해도 부족함이 없는 막강한 경기력으로 우승 행진을 이어가게 된다.

40 | 1976년 5월 UEFA컵 우승

페이슬리 감독 부임 후 두 번째 시즌 만에 리그 우승을 확정 지은 리버풀은 1976년 5월 19일 벨기에 브뤼헤의 홈구장에서 열린 클럽 브뤼헤와의 UEFA컵 결승전 2차전 경기를 치렀다.

UEFA컵 결승전 1차전에서 헤더 결승골을 터뜨리고 있는 케빈 키건

이 시즌의 리버풀이 UEFA컵 결승에 오르기까지의 과정에서 특히 좋은 활약을 한 것은 키건의 공격 파트너였던 토샥이었다. 토샥은 특히 바르셀로나 원정을 떠나 가진 4강 1차전에서 13분 만에 선제골을 터뜨리며 팀의 결승 진출에 가장 큰 공을 세웠다.

그 후 4월 말 안필드에서 열린 결승전 1차전에서 리버풀은 전반전에 먼저 2실점을 하며 불안한 시작을 했지만 후반전에 터진 케네디의 추격골에 이어 키건의 역전 결승골까지 더해지며 3-2 승리를 거뒀다.

그러나 브뤼헤에서 열린 2차전 경기에서 11분 만에 브뤼헤가 페널티킥 선제골을 터뜨리면서 우승에 가까운 쪽은 다시 한번 브뤼헤가 되었다. 리버풀로서는 반드시 골을 넣어야 승리할 수 있었던 상황에서 키건이 결국 결승골을 터뜨리며 리버풀에 승리를 선사했다.

우승을 확정 지은 후 밥 페이슬리 감독은 영국 언론과의 인터뷰에서 다음과 같이 말했다.

> (2차전) 후반전 45분은 내 인생에서 가장 긴 45분이었다. 우리에게는 우리가 잉글랜드를 대표해서 이 경기를 뛰고 있다는 자부심이 있었다. 결국 우리는 국가를 실망시키지 않았고, 나는 선수들이 아주 자랑스럽다.

이로써 리버풀은 3년 전 샹클리 감독 시절에 이어 다시 한 번 리그 우승, UEFA컵 우승을 동시에 차지하는 영광을 누렸다. 이제 그들의 목표는 유로피언컵(오늘날의 챔피언스리그)이었다.

41 | 1976/1977시즌, 10번째 리그 우승과 맨유와의 FA컵 결승전

1976/1977시즌은 리버풀의 화려한 역사 속에서도 최고의 시즌 중 하나로 널리 기억되는 시즌이다. 그들이 이 시즌에 만들어 낸 결과뿐 아니라 그것을 만들어 낸 과정, 그리고 과정과 결과가 리버풀이라는 구단에 남긴 영향력을 통틀어서 그렇다.

이미 잉글랜드 최고의 스타였던 키건은 이 시즌을 끝으로 리버풀을 떠나 해외에 진출할 결심을 클럽에 알렸다. 그러나 팀의 에이스가 그런 발표를 했음에도 불구하고 리버풀은 이 시즌, 특히 안필드 홈에서 펼쳐진 21경기에서 18승을 차지할 정도로 홈에서 극강의 모습을 보이며 여유롭게 두 시즌 연속 우승이자 통산 10번째 우승을 달성했다.

리그 우승을 이미 확정 지은 리버풀의 다음 목표는 FA컵 우승이었다. 리버풀은 이 시즌 크리스탈 팰리스, 칼라일 유나이티드, 올드햄 애슬레틱, 미들스브로, 에버턴을 꺾고 결승전에 진출했다. FA컵 결승전 후에 유로피언컵 결승전까지 앞두고 있던 리버풀로서는 트레블의 가능성이 걸린 결승전이었다.

리버풀은 후반 6분 맨유 공격수 스튜어트 피어슨에게 선제골을 내준 후 곧바로 지미 케이스의 동점골로 따라붙었지만, 그로부터 몇 분 후 터진 맨유 미드필더 지미 그린호프의 결승골로 인해 결국 1-2 석패를 당하고 말았다.

이 시즌 리버풀의 FA컵 우승 실패는 리그, FA컵, 유로피언컵 세 개 대회 우승이라는 트레블의 기회를 눈앞에서 놓쳤다는 점 때문에 그 후로 오랫동안 리버풀에 큰 아쉬움으로 남았다.

묘하게도, 20여 년 후인 1998/1999시즌 잉글랜드 클럽 최초로 그 트레블을 달성하게 되는 팀은 바로 이 경기에서 리버풀의 트레블을 저지하고 우승을 차지했던 맨유였다.

42 | 1977년 5월

리버풀의 첫 유로피언컵 우승

1977년 5월 25일, 리버풀은 구단 역사상 처음으로 유럽 최정상 무대인 유로피언컵 결승전을 치렀다. 그러나 결승전의 이야기를 하기 전에, 리버풀 팬들의 기억에 지금까지도 선명하게 남은 한 경기가 따로 있었다. 이 시즌 유로피언컵 8강전에서 만난 생테티엔과의 2차전 경기가 그것이었다.

생테티엔과의 1차전 원정경기에서 0-1 패배를 당한 리버풀은 안필드에서 열린 2차전 경기에서 반드시 2골 이상을 기록하고 승리해야 하는 상황에 놓여 있었다. 리버풀은 전반 2분 만에 터진 키건의 골로 1-1 균형을 이뤘으나 곧 생테티엔에 추가 실점을 내주면서 합산스코어 1-2에 원정다득점 규칙에 의해서도 불리한 상황에 놓이게 되었다. 리버풀이 이 경기를 뒤집기 위해서는 이제 1골도 아닌 2골이 필요했다.

그렇게 시작한 후반전, 리버풀은 후반 14분에 터진 케네디의 골과 39분에 나온 페어클러프의 골로 결국 3-2로 승부를 뒤집고 4강 진출에 성공했다. 리버풀 공식 홈페이지에서는 당시 안필드의 분위기를 다음과 같이 전하고 있다.

> 그때까지 리버풀 역사상 안필드의 분위기가 그렇게 감정적이고 격렬한 날은 없었다. 그날 밤의 경기는 리버풀의 역사에 있어 아주 중요한 경기였다.

1977년 5월 25일, 유로피언컵 결승전 리버풀 선발 스쿼드

그렇게 생테티엔을 꺾은 리버풀은 4강에서 FC 취리히를 손쉽게 꺾고 결승전에 진출해 몇 해 전 그들의 첫 UEFA컵 우승 상대였던 보루시아 묀헨글라드바흐를 다시 만났다. 로마에서 열린 이 결승전에서 리버풀은 며칠 전 맨유에 당한 패배를 오히려 긍정적으로 받아들여 침착하면서도 자신감 있는 경기력을 보여 준 끝에 결국 맥더못, 스미스, 닐의 골로 3-1 승리를 거두며 구단 역사상 첫 유로피언컵 우승 트로피를 들어올렸다.

43 | 1977년 '킹' 케니의 리버풀 입단

1976/1977시즌, 리버풀의 리그 우승과 유로피언컵 우승을 끝으로 당시 리버풀 최고의 스타였던 케빈 키건은 결국 독일 함부르크로 떠났다. 리버풀 시절 이미 최고의 선수였던 키건은 이후 함부르크에서 뛰는 동안 2년 연속으로 발롱도르를 수상하게 된다.

한편, 리버풀의 입장에서 샹클리 감독의 영입 이후 1970년대 초중반까지 리버풀 최고의 스타였던 키건이 리버풀을 떠났을 때 누군가가 그의 자리를 대체하는 것은 불가능한 일처럼 보였다. 마치 샹클리 감독을 대체하는 일이 똑같이 불가능해 보였던 것처럼 말이다.

그러나 선수를 보는 눈에서 축구계 최고로 정평이 난 페이슬리 감독은 오히려 키건보다도 더 뛰어난 평가를 받게 되는 선수를 데려옴으로써 그 불가능해 보였던 임무를 완벽하게 해냈다. 그렇게 리버풀에 입단

케니 달글리쉬

하게 되는 주인공이 다름 아닌 리버풀의 '킹' 케니 달글리쉬다.

스코틀랜드 글래스고 출신으로 어린 시절부터 레인저스의 서포터였던 달글리쉬는 아직 유소년 시절이었던 1966년, 15세의 나이에 이미 샹클리 감독의 리버풀에서 트라이얼을 받은 적이 있었다. 그러나 당시 리버풀과 인연을 맺지 못했던 달글리쉬는 이후 그에게 기회를 준 셀틱에 입단, 셀틱의 명장인 조크스틴 감독의 지도 아래 1969년부터 1977년까지 팀의 중심 선수로 활약하며 4회의 리그 우승, 4회의 스코틀랜드 컵 우승과 1회 리그컵 우승을 차지했다. 그 시점에 이미 스코틀랜드 리그는 달글리쉬에게 너무 작은 무대였다.

그런 달글리쉬의 다음 행선지는 리버풀이었다. 페이슬리 감독은 달글리쉬를 영입하는 데 당시 잉글랜드 축구계 최고 이적료 기록에 해당하는 44만 파운드를 과감하게 투자했고, 이는 달글리쉬의 데뷔 시즌부터 곧바로 결과로 드러나게 된다.

44 | 1977년 12월, 케니 vs 키건
슈퍼컵 우승

1970년대 초반 리버풀의 최고 스타였던 키건과 그가 떠난 후 리버풀의 확고한 에이스로 자리 잡게 되는 달글리쉬는 두 사람의 운명이 바뀐 지 반 년 만에 서로 다른 유니폼을 입고 맞대결을 벌이게 되었다. 키건이 이적한 1976년 UEFA컵 우승팀 함부르크와 1976년 유로피언컵 우승팀 리버풀이 1977년 UEFA 슈퍼컵에서 맞붙게 된 것이었다.

1, 2차전으로 진행된 양팀의 맞대결에서 먼저 선제골을 터뜨린 것은 함부르크였다. 그러나 함부르크의 웃음은 거기까지였다. 후반전 데이비드 페어클러프가 동점골을 터뜨리며 1차전을 마친 리버풀이 안필드에서 열린 2차전에서는 무려 6골을 터뜨리며 합산스코어 7-1의 대승 끝에 우승을 차지했던 것이다.

이 대회에서 리버풀 미드필더 테리 맥더못은 해트트릭을 터뜨리며 UEFA 슈퍼컵 역사상 최초의 해트트릭 주인공이 됐다.

많은 사람들의 기대를 모았던 '키건 vs 케니' 개인의 대결에서 승리한 쪽 역시 달글리쉬였다. 달글리쉬는 2차전에 팀의 마지막 골을 직접 넣은 반면, 키건은 자신의 친정팀을 상대로 1, 2차전 모두 무득점에 그쳤다.

45 | 1977/1978시즌, 페이슬리 vs 클러프
노팅엄 포레스트와의 경쟁

리버풀의 황금기였던 밥 페이슬리 감독 재임 시절은, 잉글랜드 출신 최고의 명장으로 존경받는 또 한 명의 감독 브라이언 클러프 감독의 노팅엄 포레스트가 전성기를 누렸던 시기와 정확하게 일치한다. 잉글랜드 리그 내부적으로 보자면 두 팀의 경쟁이 가장 치열했던 것은 바로 1977/1978시즌이었다.

직전 시즌 10번째 리그 우승을 달성했고 아쉽게 트레블을 놓친 리버풀은 이어진 시즌, 11번째 리그 우승을 위한 도전에 나섰다. 그러나 이 시즌 리버풀에게는 노팅엄 포레스트라는 강력한 경쟁자가 있었다. 1975년 감독으로 부임한 브라이언 클러프 감독의 지도 아래 1977년 1부 리그로 승격했던 노팅엄 포레스트는 승격을 차지한 바로 그 시즌이었던 1977/1978시즌 초반부터 돌풍을 일으키며 리그 우승 경쟁에 뛰어들었다. 클러프 감독은 샹클리 감독이 리버풀을 이끌고 있던 시절에도 이미 2부 리그에 머무르던 더비를 이끌고 1부 리그 승격 후 우승을 차지했던 바가 있었다.

이 시즌 리버풀은 노팅엄 포레스트와 총 3번을 맞붙었고, 3번 모두 무승부에 그쳤다. 그 중 두 번은 리그 경기에서, 마지막 한 번은 리그컵 결승에서의 무승부였다. 두 팀이 얼마나 팽팽한 경쟁을 펼쳤는지 알 수 있는 부분이다.

리그컵 결승전에서의 무승부 이후 양팀은 우승팀을 가리기 위해 재시합을 가졌고, 그런 끝에 우승을 차지한 것은 클러프 감독의 노팅엄 포

밥 페이슬리의 가장 강력한 경쟁자였던
브라이언 클러프

레스트였다. 결국 클러프 감독이 페이슬리의 2년 연속 리그 우승은 물론 리그컵 우승까지 저지했던 셈이다.

노팅엄 포레스트는 이 시즌 리그 우승에 이어 다음 시즌부터는 2시즌 연속 유로피언컵 우승을 차지하며 2016년 레스터 시티의 '동화'가 나오기 전까지 축구계 최고의 기적이자 동화 같은 스토리를 쓴 주인공으로 자리 잡게 된다.

그런 그들의 결과에서도 볼 수 있듯, 밥 페이슬리 감독의 리버풀과 클러프 감독의 노팅엄 포레스트는 둘 모두 20세기 잉글랜드 최고의 클럽들이었고 동시대에 활약하면서 치열한 경쟁을 벌이며 놀라운 성과를 이뤄 냈다. 이는 곧 페이슬리 감독이 리버풀에서 만들어 낸 성과가 그만큼 위대했다는 의미인 동시에, 역으로 클러프 감독의 공 또한 그만큼 대단했다는 것을 의미한다.

46 | 1978년 5월

2년 연속 유로피언컵 우승

1977년 유로피언컵 우승을 차지한 후 페이슬리 감독은 안주하지 않고 팀을 한층 더 강화하고 나섰다. 이 시기 리버풀에 입단하는 선수들 중 가장 대표적인 스타들이 이후 리버풀 최고의 미드필더 중 한 명으로 기억되는 그레엄 수네스, 또 뛰어난 수비수였던 앨런 한슨 등이었다.

키건의 자리를 달글리쉬로 완벽하게 대체하고 수네스, 한슨 등이 가세한 리버풀은 1년 만에 또 한 번 유로피언컵 결승에 올랐다. 이 과정에서 리버풀은 디나모 드레스덴, 벤피카, 그리고 지난 시즌 결승전의 상대였던 보루시아 묀헨글라드바흐를 차례로 꺾었다.

1978년 5월 10일, 잉글랜드 축구의 성지 웸블리에서 열린 결승전 상대는 벨기에의 클럽 브뤼헤였다.

0-0으로 균형을 가르지 못하고 이어지던 경기는 후반 19분에 나온 한 선수의 결승골로 승부가 갈렸다. 완벽한 스루패스로 그 골을 어시스트한 선수는 이 시즌 리버풀에 입단한 그레엄 수네스, 그리고 골의 주인공은 그 시기 이미 한 시즌 만에 팬들의 절대적인 사랑을 차지하고 있던 케니 달글리쉬였다.

이 경기에서의 결승골로 달글리쉬는 확고한 리버풀의 '킹'으로 자리잡았고 2년 연속 유로피언컵 우승에 공헌했다. 이 시점의 리버풀은 분명 유럽 최고의 클럽이었다.

1978년 5월 10일, 유로피언컵 결승전 리버풀 선발 스쿼드

47 1978/1979시즌
'85득점, 16실점' 11번째 리그 우승

2년 연속 유로피언컵 우승의 위업을 달성한 리버풀은 다음 시즌이었던 1978/1979시즌 유로피언컵 1라운드에서 탈락하며 유럽 전역의 축구팬들에게 충격을 안겼다. 2년 연속 '디펜딩 챔피언'에게 패배를 선사하고 결국 이 시즌 유로피언컵 우승을 차지한 팀은 다름 아닌 클러프 감독의 노팅엄 포레스트였다.

이미 지난 시즌 클러프 감독과의 리그 내 경쟁에서 단 한 차례도 이기지 못했던 페이슬리 감독으로서는 이 패배가 더욱 뼈아픈 상황이었다. 만약 이대로 리그에서도 부진한 모습을 보인다면 잉글랜드 축구계의 패권을 그대로 노팅엄에 넘겨줄 수도 있는 상황이었다.

그러나 페이슬리 감독은 침착했고 또 강했다.

이 시즌 리버풀은 리그에서 1승에 승점 2점을 주던 시절을 기준으로는 최다 승점인 68승점(30승 8무 4패), 역대 최다 득점(85득점), 역대 최소 실점(16실점)을 기록하며 2위 노팅엄 포레스트를 승점 8점 차로 따돌리고 완벽한 리그 우승을 차지했다. 특히 이 시즌의 리버풀은 안필드에서 전체 시즌 동안 단 4골을 실점하며 안필드를 잉글랜드 최고의 '요새'로 만들었다. 이미 이 무렵 리버풀의 '킹'으로 군림했던 달글리쉬는 이 시즌에도 리그에서 21골, 모든 대회에서 25골을 기록하며 팀 내 최다 득점자가 됐다.

위 기록이 보여 주듯 1978/1979시즌은 리그 자체적으로 보면 리버풀에게 있어 가장 완벽한 시즌이었다. 그러나 이런 우승을 대하는 페이슬리 감독의 태도는 더욱 인상적이있다.

1978/1979시즌 리버풀의 우승 멤버들

당시 리버풀의 주전 수비수로 활약했던 앨런 한슨은 〈스카이스포츠〉와의 인터뷰에서 페이슬리 감독에 대해 다음과 같이 말했다.

> 페이슬리 감독은 그때 그렇게 우승을 차지한 후에도 그저 선수들에게 "축하한다. 여름 휴가를 잘 보내고 돌아와서 다시 열심히 뛰는 거다"라고 말할 뿐이었다. 그게 페이슬리 감독이라는 사람이다. 그가 가장 싫어하는 단어를 한마디로 한다면 '방심'하는 것이었다.

페이슬리의 아내였던 제시 페이슬리 역시 〈스카이스포츠〉의 다큐멘터리에 출연해서 페이슬리 감독의 유사한 면모에 대해 밝힌 바 있다. 그녀의 말이다.

남편은 풋볼리그 우승, 유로피언컵 우승을 차지하고 나서 그 메달이나 트로피 같은 것에는 거의 신경을 쓰지 않았어요. 물론 그런 우승을 차지하면 기뻐하긴 했죠. 그러나 그 사람은 메달, 트로피 같은 물질적인 것에는 거의 관심이 없는 사람이었습니다.

당시 이미 잉글랜드 리그, 유로피언컵 등을 모두 석권한 그에게 BBC의 전설적인 축구중계자 존 모슨이 "아직 축구에서 남은 목표가 있습니까?"라고 물어보는 영상도 유명하다. 페이슬리 감독은 그 질문에 특유의 옆집 아저씨 같은 미소를 지으며 다음과 같이 짧게 답했다.

네. 다음 시즌에 우승하는 거요.

48 | 1979~1981년, 12번째 리그 우승
첫 리그컵 우승과 이안 러쉬의 입단

이어진 1979/1980시즌, 리버풀은 다시 한번 유로피언컵 1라운드에서 탈락하며 아쉬움을 남겼지만 리그에서는 맷 버즈비 감독 사임 이후 긴 슬럼프에서의 탈출을 노리는 맨유와 최종전까지 가는 우승 경쟁 끝에 승점 2점 차이로 리그 우승을 확정 지었다. 이 시즌 리버풀에서 가장 많은 골(21골)을 기록한 선수는 특이하게도 에버턴 출신으로 이 시기 리버풀에서 활약했다가 이후에 다시 에버턴으로 돌아가게 되는 공격수 데이비드 존슨이었다

다음 시즌인 1980/1981시즌은 페이슬리 감독 체제하에 리버풀이 리그에서 가장 저조한 성적을 낸 시즌이었다. 그들은 이 시즌 5위로 리그를 마감했지만, 그 대신 4월에 열린 웨스트햄과의 재대결까지 가는 혈투 끝에 달글리쉬, 한슨의 골로 웨스트햄을 2-1로 꺾고 리그컵 우승을 차지했다. 이 우승은 리버풀 구단 역사상 첫 리그컵 우승이었다.

우승에 가장 큰 역할을 한 선수는 미드필더 테리 맥더못이었다. 1974년에 입단해 1982년까지 리버풀에서 조용하지만 준수한 활약을 보여줬던 맥더못은 특히 1979/1980시즌 선수들의 선정한 올해의 선수상과 축구기자협회가 선정한 올해의 선수상을 석권하며 두 상을 동시에 받은 최초의 선수가 됐다.

한편 1980년 5월, 장차 리버풀 구단 역사의 골 기록을 새로 쓰게 될 경이적인 공격수인 이안 러쉬가 리버풀에 입단했다.

웨일즈 출신으로 리버풀 입단 전 체스터 시티에서 활약했던 러쉬는 소년 시절 열렬한 에버턴 팬이었다. 그러나 아이러니하게도 그는 이후로 머지사이드 더비마다 최고의 활약을 보여 주며 에버턴 골문에 골 폭격을 쏟아냈다. 그는 1935년 이후 처음으로 머지사이드 더비에서 해트트릭을 기록하는 선수가 되었고, 더 훗날에는 에버턴 최고 레전드 딕시 딘이 보유하고 있던 머지사이드 더비 최다 골 기록도 경신하며 머지사이드의 주인(25골)이 되었다.

49 | 1981년 5월, 레알 마드리드 상대로 거둔 **3번째 유로피언컵 우승**

1981년 4월, 구단 역사상 첫 리그컵 우승을 차지한 지 한 달 후, 리버풀은 또 한차례 유로피언컵 결승에 올라 파리에서 해당 대회 최고의 우승 경력을 가진 레알 마드리드와 격돌했다.

한 가지 특이한 점은, 이 해 결승전까지 오르는 과정에서 리버풀의 2라운드 상대가 젊은 시절 알렉스 퍼거슨 감독이 이끌었던 애버딘이었다는 것이다. 페이슬리 감독의 리버풀은 당시 아직 젊은 감독이었던 퍼거슨 감독의 애버딘에 두 경기 합산 5-0의 완승을 거두고 3라운드에 진출했다. 그 이후, 리버풀은 준결승에서 바이에른 뮌헨을 꺾고 결승에 진출하게 되었다.

명실상부 당시 유럽 최고의 팀인 리버풀과 유로피언컵 최다 우승팀이었던 레알 마드리드의 맞대결은 예상대로 팽팽하게 이어졌고 두 팀은 80분 동안 우열을 가리지 못했다.

누구든 한 골을 기록하면 그대로 결승골이 될 가능성이 높은 후반 종료 8분을 남긴 상황에서 누구도 예상하지 못한 번개 같은 골이 터졌다. 리버풀의 레프트백을 맡았던 앨런 케네디가 팀의 드로우인 상황에서 그와 성이 같았던 레이 케네디로부터 이어진 볼을 받아 그대로 레알 마드리드 페널티박스 안으로 치고 들어간 후 슈팅을 날린 것이 그대로 골로 연결되었던 것이다.

케네디는 슈팅을 시도한 직후 골이 선언되기도 전에 골을 직감한 듯 두 팔을 들어 올렸고 그렇게 리드를 잡은 리버풀은 실점을 허용하지 않

1981/1982시즌 유로피언컵 결승전 리버풀 선발 스쿼드

은 채 세 번째 유로피언컵 우승 트로피를 들어 올렸다.리버풀 입단 초반 부진을 겪었음에도 불구하고 케네디에게 신뢰를 보내 줬던 페이슬리 감독의 '선수 보는 눈'과 믿음이 또 한 번 빛을 보는 순간이었다.

이 결승전에서의 우승으로 페이슬리 감독은 축구 역사상 최초로 유로피언컵에서 세 차례 우승을 차지한 감독이 되었다.

About Liverpool

선수 시절의 울리 슈틸리케와 리버풀의 '악연'

한편, 이날 유로피언컵 결승전에서 뛴 레알 마드리드 선수 중에는 최근 대한민국 대표팀의 감독을 지낸 울리 슈틸리케가 있었다. 그는 선수 시절 분데스리가, 라리가 우승을 차지한 경력이 있지만 유럽 최고의 영예인 유로피언컵에서는 우승 없이 준우승만 두 차례를 기록했다. 그리고 묘하게도 묀헨 글라드바흐 시절인 1976/1977시즌과 레알 마드리드 시절인 1980/1981시즌, 두 번의 상대팀은 모두 리버풀이었다.

50 1981/1982시즌, '시즌 중 주장 교체'로 이뤄 낸 13번째 리그 우승

대망의 세 번째 유로피언컵 우승을 차지한 리버풀은 다음 시즌 마치 슬럼프에 빠진 듯 부진한 출발을 보였다. 리그 첫 다섯 경기에서 1승 2무 2패. 이는 방심을 용납하지 못하는 페이슬리 감독의 눈에는 심각한 문제였다.

결국 페이슬리 감독은 문제를 해결하기 위해 용단을 내렸다. 당시까지 장기간 리버풀의 주장으로 활약했고 잉글랜드 대표팀에서도 주장으로 활약했던 필 톰슨의 주장직을 박탈하고 그 대신 그레엄 수네스를 주장에 임명한 것이었다. 이는 대단히 파격적인 조치였지만, 팀의 정신 자세를 바로잡기 위한 페이슬리 감독의 과감한 '한 수'였다.

당시, 불과 6개월 전 주장으로서 유로피언컵 트로피를 들어 올렸으나 이 시즌 중 주장직을 박탈당한 필 톰슨은 훗날 〈스카이스포츠〉와의 인터뷰에서 당시 상황에 대해 이렇게 말했다.

> 어느 날 페이슬리 감독이 나에게 찾아와 내가 너무 방심하고 있는 것 같으며 주장으로서의 역할을 그만두는 것이 나에게도 도움이 될 것이라고 말했다. 당시에는 황당했지만, 지금 돌아보면 그것이야말로 대단한 선수 관리의 모습이었다고 생각한다.

결국 그와 같은 과감한 조치, 그리고 이 시즌부터 리버풀의 주포로 자리 잡기 시작한 이안 러쉬를 포함해 새롭게 영입한 선수들인 '괴짜' 골키퍼 브루스 그로벨라, 영리한 수비수 마크 로렌슨 등의 활약에 힘입어 리버풀은 13번째 리그 우승에 성공했다.

한편, 이 시즌 리버풀은 리그컵 결승전에서도 토트넘을 3-1로 꺾고 우승을 차지했는데, 러쉬는 결승전 쐐기골을 포함해 이 시즌 리그에서만 17골, 모든 대회를 통틀어 31골이라는 뛰어난 기록을 남겼다.

이안 러쉬의 맹활약 뒤에도 페이슬리 감독의 뛰어난 선수 관리 역량

이 숨어 있었다. 러쉬는 리버풀 입단 초반 부진한 모습을 보이고 있었는데, 페이슬리 감독이 그를 직접 불러 그의 문제점을 짚어주고 부담을 갖지 말고 뛰라는 조언을 한 후 본격적인 골 행진을 이어 가기 시작했다.

51 | 1982/1983시즌 **14번째 리그 우승 + 3년 연속 리그컵 우승**

이미 리버풀의 '킹'이었던 달글리쉬와 새롭게 팀의 주포로 떠오른 러쉬의 조합은 날이 갈수록 막강한 화력을 뽐냈다. 그들 이전에도 레전드 공격수들이 많았고 이후에도 많은 리버풀이었으나, 그 두 공격수의 조합은 오늘날까지도 리버풀 역사상 최고 중 하나로 손꼽힌다.

달글리쉬는 본인이 직접 함께 뛰었던 러쉬에 대해 다음과 같이 평가했다.

> 어느 곳에서도 골을 넣을 수 있는 선수다. 오른쪽, 왼쪽, 또 헤더로도. 어느 곳에서나 날카로운 모습을 보여 준 최고의 피니셔였다.

두 선수의 맹활약이 이어진 1982/1983시즌, 리버풀은 또 한 차례 리그 우승을 차지했고 리그컵에서는 3년 연속 우승컵을 들어 올렸다.

특히 리그의 경우 리버풀은 24경기에서 19승 4무의 기록으로 최고의 경기력을 선보이며 3월에 이미 리그 우승을 확정 지었다. 그리고, 3월 26일에 열린 리그컵 결승전을 앞두고 페이슬리 감독은 이 시즌을 끝으로 은퇴를 할 계획임을 밝혔다.

페이슬리를 위해 반드시 결승전에서 우승하겠다는 의지에 불탄 리버풀의 상대팀은 맨유. 리버풀은 그 경기에서 결국 2-1 승리를 거두었고, 경기가 끝난 후 페이슬리 감독이 주장에 임명했던 수네스는 주장이 우승 트로피를 들어 올리는 전통을 깨고 그 대신 페이슬리 감독이 직접 트로피를 받고 들어 올리도록 예우를 했다.

52 | 밥 페이슬리 정상에서 물러난 최고의 '덕장'

샹클리 감독의 은퇴로 인해 감독직을 제의 받았을 때 그 제안을 사양하며 오히려 샹클리 감독의 은퇴를 번복하도록 설득했던 남자. '조용한 천재'라는 별명으로 불린, 웃는 모습은 영락없는 옆집아저씨 같았던 남자. 그러나 분명히 리버풀의 황금기를 이끌었던 사람이자 유럽 축구 역사상 최고의 명장 중 한 명이었던 밥 페이슬리는 그렇게 정상에서 스스로 물러났다.

이 책을 통해 소개했듯 페이슬리의 역사는 곧 우승의 역사다. 그리 길지 않은 재임 기간에도 우승 경력이 너무 많아 특정 대회 우승은 마치 별로 중요하지 않은 것처럼 느껴질 정도다.

페이슬리의 선택을 받아 리버풀에 입단했고 주장이 됐으며 훗날 리버풀 감독이 되는 수네스는 페이슬리에 대해 "내가 만나 본 모든 인물 중 축구선수를 보는 눈이 가장 뛰어난 감독이었다"라고 평가했다. 실제

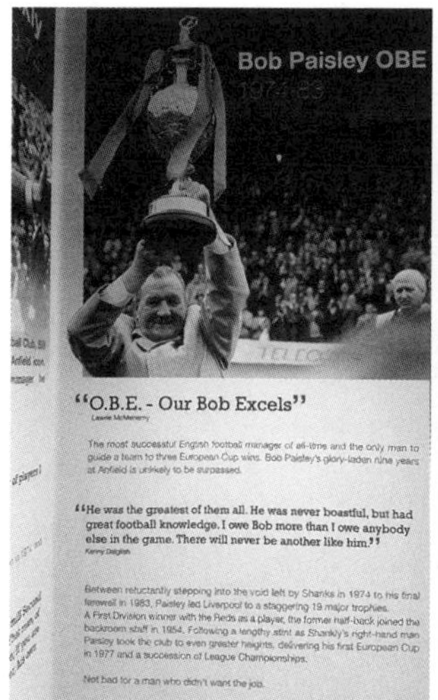

리버풀 박물관의 밥 페이슬리 감독 소개와 안필드 정문 부근의 페이슬리 게이트

로 페이슬리 감독은 수많은 선수들의 예에서 그랬듯 인재를 찾아내는 능력에서도, 그들을 관리하고 성장시키는 능력에서도 최고의 능력을 보여 줬다.

샹클리 감독 시절, 즉 페이슬리가 코치였던 시절부터가 그가 선보였던 전술적 역량, 또 시즌 중 주장을 교체하면서까지 팀의 기강을 바로 잡으며 우승을 일궈 냈던 사례까지. 잉글랜드 출신의 감독 중 현재까지도 가장 많은 메이저 대회 우승 트로피를 차지한 그는 어쩌면 가장 조용한 감독이었으면서도 동시에 완벽한 '덕장'형의 감독이었을지도 모른다.

리버풀의 역사에는 빌 샹클리라는, 누구도 감히 비교될 수 없는 클럽 전체의 운명을 바꾼 감독이 이미 있었기에 페이슬리 감독이 그 성과에 비해 덜 조명을 받는 부분도 분명히 있다. 그러나 페이슬리 감독을 직접 만나 봤거나 그에 대해 자세히 찾아본 사람들이라면, 페이슬리는 그런 것에 연연하지 않았을 인물이라는 데 동의할 것이다.

샹클리 감독과 페이슬리 감독에 대해 한마디로 정리하자면 이렇게 해볼 수 있을 것이다.

리버풀이라는 클럽의 운명을 바꾸고 그들을 '명문'으로 만든 것은 샹클리 감독이었지만, 리버풀을 유럽 최고의 클럽으로 성장시키고 '빅클럽'으로 만들었던 것은 분명히 페이슬리 감독이었다.

추가로, 페이슬리라는 인물에 대해 더 자세히 알고 싶은 리버풀 팬이 있다면 이 책을 읽은 후 꼭 한 번 유튜브 등의 동영상 사이트를 통해 그의 생전 모습을 영상으로 확인해 보길 바란다. 그 특유의 옆집 아저씨(혹은 할아버지) 같은 웃음을 직접 영상으로 본다면, 분명히 샹클리 감독과는 정반대의 매력을 가진 이 감독에게 더 애정을 느끼게 될 것이다.

53 | 1984년, 또 한 명의 명장 조 페이건의 '트레블'

누군가가 페이슬리 감독이 위대한 성과에도 불구하고 샹클리 감독의 카리스마 때문에 다소 주목받지 못하는 면이 있다고 말한다면, 그 페이슬리 감독의 후임으로 리버풀 감독이 된 인물은 그 말을 비웃어도 괜찮을지 모른다. 그 뒤를 이어받은 감독은 샹클리에 더해 페이슬리까지 두 명장의 빈자리를 채워야 하는 불가능에 가까운 임무를 받은 셈이나 다름 없었기 때문이다.

그러나 그런 환경에서 리버풀 감독이 된 인물은 실제로 그 불가능할 것 같은 일을 달성해 냈다. 리버풀 감독으로 일한 기간이 2년에 불과했고 대중에 널리 알려지지 않은 감독이었음에도, 지금까지 리버풀 구단 측에서 리버풀 최고의 영웅 중 한 명으로 인정하는 조 페이건 감독이 그 주인공이다.

조 페이건

페이건 감독은 리버풀에서 태어나고 자란 '스카우저(리버풀 출생)'였다. 이후 맨시티에서 현역 생활의 전성기를 보낸 그는 1958년 리버풀의 코치로 부임했다. 그리고 1959년 리버풀 감독이 된 샹클리 감독, 이미 리버풀 코치였던 페이슬리와 함께 부트룸의 한 멤버가 되었다.

이후로 그는 샹클리 감독 시절에는 리저브팀 코치를 맡아 많은 유망주들을 성장시켰고, 페이슬리 감독 시기에는 그의 오른팔로서 1군 코치 역할을 했다.

페이슬리 감독이 은퇴를 발표했을 때 페이건은 페이슬리와 매우 유사한 반응을 보였다. 스스로 감독직을 고사할 의사를 보였던 것. 그러나 샹클리 감독이 자신의 후임자로 페이슬리 감독을 추천했듯, 페이슬리

1983/1984시즌 유로피언컵 결승전 리버풀 선발 스쿼드

감독이 페이건 감독을 추천했고 그 외에 다른 대안이 없는 상황에서 결국 페이건 감독은 리버풀을 이끌기로 결심했다.

페이건 감독의 지휘 아래 리버풀은 3월 28일 에버턴과의 머지사이드 더비로 열린 리그컵 결승전에서 승리하며 4년 연속 리그컵 우승을 차지했다. 이 경기에서 결승골을 터뜨린 주인공은 그레엄 수네스였다.

그로부터 약 두 달 후 리버풀은 리그 2위 사우스햄튼에 승점 3점 차로 앞선 리그 우승도 확정 지었다.

이미 리그와 리그컵 우승을 차지한 리버풀은 5월 30일 AS 로마와 가진 유로피언컵 결승전에서 1-1 무승부로 경기를 마친 후 승부차기에 돌입했다. 리버풀은 첫 번째 키커였던 니콜이 실축하며 불안한 승부를 이어 갔는데, 이날의 승부차기에서 골키퍼 그로벨라가 보여 준 '기지' 덕분에 결국 승부차기 스코어 4-2로 클럽 역사상 네 번째 유로피언컵 우승을 차지했다. 그로벨라의 그 모습은 훗날 이스탄불에서 두덱에게 영감으로 작용한다.

이렇게 페이건 감독은 1983/1984시즌 리그, 리그컵, 유로피언컵 세 개의 메이저 대회 우승을 차지하면서 한 시즌에 세 개 메이저 대회 우승을 차지한 최초의 잉글랜드 출신 감독이 되었다.

그러나 샹클리, 페이슬리, 페이건으로 이어진 부트룸 출신 세 감독의 완벽한 우승 행진으로 인해 리버풀이 명실공히 유럽 축구 최정상에 있던 1985년, 리버풀이라는 클럽의 가장 어두운 시간을 예고하는 비극적인 사고가 리버풀을 덮치게 되었다.

crown paints

CHAPTER 5.

1985~1998년

리버풀의 암흑기와 '킹' 케니

1985년, 그리고 1989년. 헤이젤과 힐스보로에서 발생한 두 차례의 참사는 1970년대 유럽 최고의 클럽으로 올라섰던 리버풀이라는 팀 전체를 흔들 정도로 큰 타격을 입혔다. 그러나 정상에서 나락으로 떨어질 위험에 놓인 리버풀에는 선수로, 감독으로, 또 선수 겸 감독으로 리버풀의 가장 어려운 시기를 지탱해 낸 '킹' 케니 달글리쉬가 있었다.

Chapter5.

리버풀의 암흑기와 '킹' 케니
1985~1998년

54 | 1985년 헤이젤 참사의 배경과 그 후폭풍

밥 페이슬리의 뒤를 이어 리버풀의 지휘봉을 잡은 조 페이건 감독은 짧은 기간에도 성공적으로 리버풀을 이끌었다. 1985년 5월 29일, 그는 이미 자신이 예고했던 대로 리버풀 감독으로서 갖는 마지막 한 경기를 위해 벨기에 수도 브뤼셀의 헤이젤 스타디움으로 향했다. 그곳에서 리버풀에 다섯 번째 '빅이어'를 안겨 주고 팀을 떠날 수 있다면, 그에게도 리버풀이라는 팀에게도 최고의 작별이 되었을 것이다.

그러나 헤이젤에서 벌어진, 그 누구도 예상하지 못했던 한 사건은 페이건 감독을 포함한 리버풀의 모든 선수들, 더 나아가서 유럽 축구계 전체에 엄청난 충격을 안겨 주었다. 오늘날 널리 '헤이젤 참사'라고 불리는 사고가 그것이었다.

사건의 전후 상황은 다음과 같다.

리버풀이 황금기를 구가했던 1970년대와 1980년대, 잉글랜드 축구계를 넘어 사회적인 문제로까지 대두됐던 것이 다름 아닌 '훌리거니즘'이었다. 즉 자신이 서포팅하는 클럽에 대한 애정이 지나쳐 상대 클럽 서포터들에 대한 폭력이 발생하곤 했고, 이것이 각 클럽마다 그 클럽을 대표하는 '패거리'들이 조직되어 서로 싸움을 벌이는 지경으로까지 이어졌던 것이다.

1985년 헤이젤 스타디움에서 벌어졌던 일은 훌리거니즘이 빚은 최악의 참사로 불린다. 당시 해당 경기를 중계했던 BBC 중계 영상에서는 중계자가 그 사고에 대해 놀라움을 금치 못하면서도 그와 유사한, 즉 훌리거니즘으로 인한 사고 자체는 놀라운 것이 아니며 이미 수차례 목격했던 일인 것처럼 말한다. 당시 훌리거니즘이 잉글랜드 축구계에 얼마나 큰 문제로 자리 잡아 있었는지를 잘 알 수 있는 대목이다.

이 당시의 훌리거니즘과 그로 인한 사건 · 사고가 오롯이 리버풀 팬들만의 문제가 아니었던 것은 사실이지만, 이날 헤이젤에서 벌어진 비극에 가장 큰 책임이 있는 존재가 리버풀의 일부 훌리건 팬들이었다는 것은 분명한 사실이다. BBC는 당시 상황에 대해 다음과 같이 보도했다.

흥분한 리버풀 일부 팬들이 유벤투스 팬들을 향해 돌진하며 싸움을

아수라장으로 변한 헤이젤 스타디움

시작했고 그 폭력적인 행위를 피하려는 유벤투스 팬들이 한쪽으로 몰리면서 한쪽 벽이 무너져 내렸다. 이 상황을 전후로 많은 팬들이 벽에 깔리고 다른 서포터에 깔리면서 결국 39명의 팬들이 사망했다.

당시 부상자들을 치료하기 위해 현장을 찾았던 의료진 중 한 명은 자신이 목격한 광경에 대해 다음과 같이 말했다.

이건 전쟁터의 모습이다. 다른 말로는 설명할 방법이 없다. 이것은 축구장의 모습이 아니다. 절대로.

마가렛 대처 당시 영국 수상은 이 사건을 보고받은 직후 사고를 일

으킨 훌리건들을 강력하게 비판하며 다음과 같이 말했다.

> 이들은 영국이라는 나라 전체에 수치와 불명예를 안겨 줬다. 이와 같은 일은 두 번 다시 발생해서는 안 된다.

마가렛 대처 수상은 이후 FA에 그들 스스로 일정 기간 유럽 대회에 참가하지 않는 안을 검토할 것을 요청하기도 했으나, 그로부터 2일 후 UEFA측은 헤이젤 참사를 계기로 잉글랜드의 모든 클럽들을 유럽 대륙 대항전에 '영구적으로 출전할 수 없다'는 강력한 징계를 내렸다.

이후 1990년에 UEFA에서 그 징계를 철회하며 (리버풀을 제외한) 잉글랜드 클럽들은 다시 유럽 대회로 복귀했으나 결과적으로 잉글랜드 클럽들은 5년, 리버풀은 6년 동안 유럽 대회에 참가하지 못하게 되었다. 리버풀이 열었던 잉글랜드 클럽들의 황금기가 리버풀에 의해 마감됐던 셈이다.

리버풀 대 유벤투스의 경기 전에 벌어진 이런 인명 사고에도 불구하고 UEFA는 경기를 그대로 진행하도록 했고, 결국 이어진 경기에서 리버풀은 유벤투스에 0-1 패배를 당했다. 결승골의 주인공은 플라티니였다. 이전까지 준우승에만 두 차례 머물렀던 유벤투스는 이 경기에서의 승리로 첫 유로피언컵 우승을 차지했다.

한편, 훗날 UEFA 회장이 되는 플라티니는 1983년부터 1985년까지 3년 연속 발롱도르를 차지했다. 당시 잉글랜드 리그 최고의 선수였던 달글리쉬는 플라티니의 압도적인 활약에 밀려 1983년 2위에 선정된 것이

본인의 최고 기록이었다. 달글리쉬는 현재까지도 발롱도르를 수상하지 못한 최고의 선수 중 한 명으로 손꼽히고 있다.

55 | 1985/1986시즌
'킹 케니'의 감독 데뷔와 '더블'

헤이젤에서 열린 유로피언컵 결승전을 마치고 리버풀 공항에 도착하는 순간에도 조 페이건 감독은 눈물을 흘렸다. 달글리쉬는 그의 자서전에서 "페이건 감독은 그 후 그의 여생 내내 헤이젤 참사로 인해 고통받았다"라고 쓰기도 했다. 비단 페이건 감독뿐만 아닌 리버풀 선수단 전체가 그 경기로 인해 받은 충격은 겉으로 보기에도 분명해 보였다.

리버풀 구단 역사상 가장 어려웠던 순간, 리버풀이 직면한 문제는 사임을 공식 발표한 조 페이건 감독의 뒤를 이을 적임자를 찾는 일이었다. 리버풀의 모든 관계자들은 그런 힘든 순간에 리버풀을 이끌 수 있는 사람은 단 한 사람밖에 없다는 것을 이미 알고 있었다. 바로 최고의 실력과 늘 보여 줬던 책임감으로 리버풀 팬들의 절대적인 사랑을 받고 있던 '킹' 케니 달글리쉬였다.

결국, 리버풀은 당시 34세였던 달글리쉬를 선수 겸 감독으로 임명했다. 빌 샹클리, 밥 페이슬리, 조 페이건에 이어 리버풀의 지휘봉을 잡은 달글리쉬는 부임 첫 시즌부터 어려운 분위기를 극복하고 리그 우승과 FA컵 우승으로 더블을 달성하며 다시 한 번 자신이 리버풀에서 절대적인 존재라는 것을 입증했다. 이 시즌 리버풀의 우승을 확정 지은 경기는 스탬포드 브릿지에서 열린 첼시 원정경기였고, 그 경기에서 나온 결승골의 주인공이 다름 아닌 달글리쉬였다.

이 시즌은 달글리쉬의 리버풀이 에버턴 역사상 최고의 명장으로 불리는 하워드 켄달 감독의 에버턴과 리그에서도 1, 2위를 다투고 FA컵 결승에서도 만난 시즌이었다. 당시 리버풀에 이안 러쉬가 있었다면, 에버턴에는 이후 잉글랜드 최고의 공격수가 되는 게리 리네커가 있었다.

결국 5월 3일, 웸블리에서 머지사이드 더비의 상대팀인 리버풀과 에버턴이 가진 FA컵 결승전에서 리버풀은 리네커에 전반전 선제골을 내주고도 후반전에 두 골을 터뜨린 러쉬의 활약에 힘입어 3-1 승리를 거뒀다.

이 시즌의 더블은 헤이젤 참사로 큰 고통을 겪은 리버풀 선수단과 그 팬들에게 선사하는 최고의 위로였다. 이 시즌 선수 겸 감독으로서 직접 리그 우승을 확정 짓는 골까지 성공시키며 팀의 더블을 이끈 달글리쉬를 향한 리버풀 팬들의 사랑과 존경은 이전에도 이미 컸지만 이제 더 이상 그 깊이를 헤아릴 수가 없을 정도였다.

56 | 1987/1988시즌 존 반스 영입과 37경기 무패 행진

달글리쉬 감독 체제에서의 두 번째 시즌이었던 1986/1987시즌, 리버풀은 9월에 가진 풀럼과의 리그컵 경기에서 10-0 대승을 거두며 잉글랜드에서 열린 모든 경기를 통틀어 최다 골 차 승리 기록을 세웠다(리버풀

존 반스

의 리그 최다 골 차 승리 기록은 1896년 2월 로더럼 타운에 거둔 10-1 승리다). 그러나 리버풀은 그 기세를 끝까지 이어 가지 못하고 리그 2위, 리그컵 준우승에 그쳤다.

무관 기록보다도 더 우려스러웠던 것은 이 시즌을 끝으로 리버풀 최고의 공격수였던 이안 러쉬가 유벤투스에 입단하며 팀을 떠났던 것이다. 러쉬는 리버풀을 떠나기 직전 시즌 리그에서만 30골, 모든 대회를 통틀어서는 40골을 터뜨리며 최고의 활약을 펼쳤다.

다음 시즌인 1987/1988시즌, 달글리쉬 감독은 러쉬의 빈 자리를 채우기 위해 세 명의 주요 선수를 영입했는데 그 셋 중 공격수 존 알트리지, 피터 비어슬리 외의 다른 한 선수는 지금까지도 리버풀 역대 베스트 11에 항상 이름을 올릴 정도의 레전드로 자리 잡게 되었다. 왓포드에서 데려온 윙어 존 반스가 그 주인공이었다.

이후 리버풀은 이 세 선수와 비슷한 시기에 리버풀에 입단한 윙어 레이 휴튼의 맹활약 속에 29경기 무패(전 대회 통합 37경기 무패)를 달리는 등 40경기에서 단 2패만을 당하며 2위 맨유보다 승점 9점이 더 높은 우승을 차지했다.

특히 이 시기 리버풀에서 최고의 활약을 보여 준 반스는 왓포드에서 뛰던 당시 왓포드의 그레엄 테일러 감독이 맨유 알렉스 퍼거슨 감독에게 영입을 추천했으나 퍼거슨 감독이 거절한 바가 있었다. 이후 그가 리버풀에 와서 최고의 활약을 하자 퍼거슨이 땅을 치고 후회했다는 유명한 일화가 있는 선수이기도 하다. 이후 밥 페이슬리 전 리버풀 감독은 반스에 대해 "어느 시대 어떤 팀에서도 주전으로 뛸 수 있는 선수"라고 평하기도 했다.

반스는 자메이카 출생의 잉글랜드 대표팀 선수로, 인종 차별이 극심했던 당시 잉글랜드 축구계에서 단연 최고의 활약을 펼친 흑인 선수였다. 인종 차별은 21세기에 들어서도 축구계에서 끊임없이 제기되는 이슈이지만, 1980년대 그의 맹활약은 축구를 잘하는 것과 피부색은 관계가 없다는 사실을 널리 알려주는 본보기가 되기도 했다.

57 | 1989년 4월 힐스보로 참사와 그 왜곡, 그리고 진실

리버풀의 '킹' 달글리쉬는 이미 헤이젤 참사라는 구단 역사상 최악의 비극 직후에 리버풀을 맡아 팀이 무너지지 않고 계속해서 우승 경쟁을 해나갈 수 있도록 매우 훌륭하게 리버풀을 이끌고 있었다. 1988/1989시즌에도 리버풀은 리그와 FA컵에서 모두 우승이 가능한 상황에서 시즌 후반기를 보내고 있었다.

그러나 그런 달글리쉬와 리버풀에게 헤이젤 참사보다도 더 큰 비극이 닥쳐 왔다. 1989년 4월 15일, 축구계 최악의 참사로 기억되고 있는 힐스보로 참사가 바로 그것이다.

이날 노팅엄 포레스트의 홈구장 힐스보로 스타디움에서 노팅엄 포레스트 대 리버풀의 FA컵 준결승 경기가 펼쳐졌고, 약 2만 5천 명의 리버풀 팬들이 원정팀을 응원하기 위해 힐스보로 스타디움으로 모여들었다.

그러나 경기가 시작된 직후 이상 징후가 나타나기 시작했다. 리버풀 골대 뒤쪽에 모여있는 펜스로부터 팬들이 피치 위로 빠져나오며 하나둘씩 쓰러지기 시작한 것이었다. 그제서야 심상치 않은 사고가 발생했음을 파악한 경찰 측은 그 즉시 경기를 중단시켰다.

사고의 원인은 분명했다. 좁은 펜스 안에 주체할 수 없을 정도로 너무 많은 리버풀 팬들이 몰려 들면서 팬들이 질식해 사망하는 사고가 발생한 것이었다. 사고 당시 사망자들과 같은 펜스에 있었던 한 생존자는 당시의 상황에 대해 다음과 같이 증언했다.

> 앞으로도 뒤로도 옆으로도 움직일 수 없었고 숨도 제대로 쉬기 힘들었다.

결국 그로 인해 총 96명의 리버풀 팬들이 그 자리에서 세상을 떠났

힐스보로 참사의 현장

다. 그들 중에는 불과 10세의 어린 팬을 비롯해 10대 팬들이 38명, 20대 팬들이 40명이 포함되어 었다.

당초 영국 경찰 측은 이 힐스보로 참사를 '사고사'라고 규정짓고 발표했다. 마치 경찰 혹은 관리자 측의 책임이 아니라 너무 많이 모여든 리버풀 팬들 스스로의 잘못인 것처럼 세상에 알렸던 것이다. 또 이 과정에서 영국 매체 〈더 선〉은 친구, 가족을 잃은 절망에 빠진 리버풀 팬들에 대해 상상하기 힘든 기사를 내기도 했다.

> 힐스보로의 진실: 일부 팬들은 희생자들의 주머니를 털었고, 용감한 경찰들에게 노상 방뇨를 하는 팬들도 있었으며, 경찰에 대한 폭력 행위도 있었다.

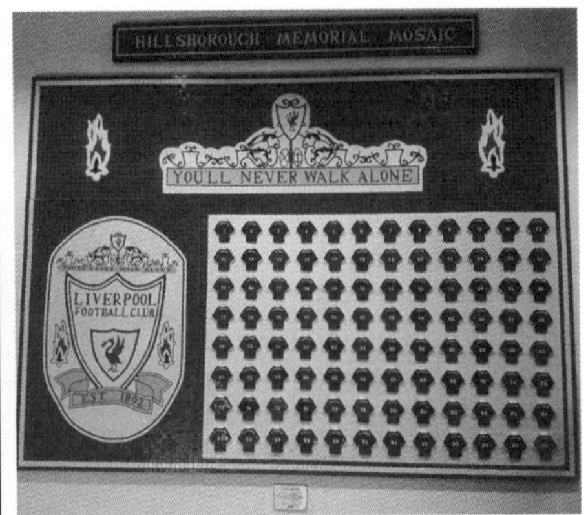

리버풀 박물관의 힐스보로 추모 공간

그러나 시간이 지나면서 당시 경기장에 있던 팬들과 사망한 팬들의 유가족들이 사건의 진상을 밝히고 나서면서 서서히 경찰 측의 증언이 사실과는 달랐다는 것이 드러나기 시작했다. 그 중에서도 가장 결정적인 증거는 경기 시작 직전, 이미 꽉 차 있던 펜스로 통하는 입구를 경찰 측의 지시로 개방하는 모습이 담긴 영상이 발견된 것이었다. 당시 그 입구를 통해 경기장에 입장했던 한 팬은 〈스카이뉴스〉와의 인터뷰에서 다음과 같이 증언했다.

> 그때 그 문이 열린 순간 경기장으로 들어가는 입구는 오직 리버풀 골대 뒤(사고가 발생한 지점)로 향하는 입구뿐이었다. 그날 세상을 떠난 사람은 내가 될 수도 있었다.

이후 힐스보로 참사의 유가족들은 이 사건의 진실을 밝히기 위해 27

THE Sun

THE TRUTH

Tycoon Adnan thrown in jail

•Some fans picked pockets of victims

•Some fans urinated on the brave cops

•Some fans beat up PC giving kiss of life

DI GRIEVES FOR LEE, AGED 14: Pages 2 and 3

THE Sun

BRITAIN'S MOST POPULAR PAPER

WILLS: Two kids with Kate would be great

23 YEARS AFTER HILLSBOROUGH..

THE REAL TRUTH

● Cops smeared Liverpool fans to deflect blame

● 41 lives could have been saved, says new probe

● Sun: We are profoundly sorry for false reports

● Families of 96 victims call for prosecutions

사고 직후 〈더 선〉의 보도(좌측)와 23년 뒤 〈더 선〉의 보도(우측)

년간 법정 공방을 벌였다. 결국 2016년 영국 정부는 당시 경찰 측의 증언이 거짓이었으며 유가족들의 말이 진실임을 인정하는 판결문을 발표했다. 그 판결문 중 일부는 다음과 같다.

> 사고 당일, 사우스요크셔 경찰 측은 경기장의 통제력을 완전히 잃었고 사망한 팬들과 유가족을 보호하지 못했다. 게다가 사고가 발생한 직후 당시 사고의 관계자들은 책임을 회피하기 위해 기록을 왜곡하는 행위를 저질렀다. 힐스보로 참사의 원인이 리버풀 팬들인 것처럼 수치스러운 거짓말을 하기도 했다.

결국 힐스보로 참사는 경찰과 현장 관리자들의 올바른 통제가 있었다면 미연에 방지할 수 있었던 사고였음이 공식적으로 밝혀진 것이었다.

당시 비인륜적이고 악의적인 보도를 했던 〈더 선〉은 이후 그들이 경찰의 잘못된 정보만을 믿고 그대로 기사를 냈다는 사실을 인정하며 사과의 메시지를 담은 정정 보도를 냈으나, 리버풀 구단 측과 유가족들, 또 팬들은 여전히 〈더 선〉을 용서할 수 없다는 입장을 지키고 있다.

58 | 1989년 5월, 에버턴과의 FA컵 결승전과 우승

1989년 4월에 터진 힐스보로 참사의 아픔에도 불구하고, 리버풀은 결국 이 대회 결승전에 진출했다. 이 해 FA컵 결승전은 머지사이드의 두 팀 리버풀 대 에버턴의 맞대결로 펼쳐졌다. 힐스보로 참사의 피해자들 대부분이 머지사이드 출신이라는 것을 고려하면 그 어떤 때보다도 뜻깊은 결승전이었다.

이 시즌 양팀의 FA컵 결승전은 경기 자체의 측면에서도 이후 오래도록 기억되는 명승부였다. 리버풀의 알드리지가 선제골을 터뜨리며 그대로 경기가 끝나는 것만 같았던 후반 44분, 에버턴의 맥콜이 동점골을 터뜨리며 양팀의 승부는 연장전으로 이어졌다.

연장전에서 먼저 골을 터뜨린 것은 이안 러쉬였다. 유벤투스에서의 짧은 생활을 마치고 이 시즌 다시 리버풀로 돌아왔던 러쉬가 연장전반 5분 만에 골을 터뜨렸던 것이다. 그러나 후반전에 동점골을 터뜨린 맥콜이 다시 한 골을 기록하면서 두 팀의 승부는 원점으로 돌아왔다.

그러나 리버풀의 해결사는 역시 러쉬였다. 그는 맥콜의 동점골이 터진 지 2분 만에 다시 골을 넣으며 리버풀로 돌아온 바로 그 시즌 FA컵 우승의 일등 공신이 되었다.

59 | 1989년 5월, 안필드에서 **마지막 순간에 내준 리그 우승**

승부의 세계에서 누군가의 성공은 다른 누군가의 실패가 되기도 한다. 세계 최초이자 최고의 축구 리그인 '풋볼리그' 100주년이던 1988/1989시즌 리버풀이 시즌의 마지막 순간에 리그 우승을 놓친 장면은, 그 대신 우승을 차지한 팀의 구단 역사상 최고의 순간으로 지금까지도 기억되고 있다. 심지어 이 우승이 세계적으로 유명한 소설의 클라이맥스로 등장하기도 한다. 아스널 팬의 이야기를 담은 소설『피버 피치』와 아스널이 그 주인공이다.

FA컵 우승 6일 후, 안필드에서는 이 시즌 리그 1위를 달리고 있던 리버풀과 2위에 올라 있던 아스널의 리그 최종전이 펼쳐졌다. 이 승부에서 아스널이 역전 우승을 차지하기 위해서는 반드시 2-0 이상의 승리가 필요했다. 반대로 리버풀의 입장에서는 0-2의 패배만 면한다면 그대로 리그 우승과 FA컵 우승으로 더블을 차지할 수 있는 경기였다.

경기가 시작되기 전, 아스널 선수들은 힐스보로 참사 희생자들을 추모하는 의미에서 꽃다발을 들고 뛰어나온 후 콥 스탠드 앞에 헌정해 팬들의 박수를 받기도 했다.

우승을 눈앞에 둔 리버풀 주장 맥마흔의 손가락

양팀의 경기는 리버풀이 바라는 대로 흘러갔다. 이 경기 전까지 이미 FA컵 우승을 포함해 24경기 무패를 달리고 있던 리버풀은 전반전을 0-0으로 마치며 사실상 우승의 8부 능선을 넘은 것처럼 보였다.

그러나 후반전 시작 직후 아스널의 스트라이커 앨런 스미스가 골을 터뜨리면서 아스널이 한 골만 더 넣으면 리버풀이 리그 우승을 코앞에서 뺏길 수도 있는 상황으로 바뀌고 말았다.

우승을 지키려는 리버풀, 빼앗으려는 아스널이 팽팽하게 후반전을 이어 가면서 어느새 정규 시간이 다 지나가고 후반전 추가시간이 시작됐다. 당시 리버풀의 주장이었던 스티브 맥마흔은 동료들에게 손가락으로 '1'을 들어올리며 '1분만 버티면 우승'이라는 사실을 선수들에게 강조하기도 했다.

그러나 경기 시간 91분, 즉 이 경기의 가장 마지막 순간에 리버풀의 입장에서는 '억장'이 무너지는, 아스널의 입장에서는 '기적'과 같은 사건이 벌어졌다.

이 시기 단연 리버풀 최고의 선수였던 존 반스가 볼의 소유권을 얻은 상황에서 시간을 끌기 위해 코너플래그 쪽으로 달려가는 대신, 그대로 아스널 골문을 향해 드리블을 시도했다. 당시의 그는 그만큼 자신의 플레이에 자신이 있었다. 그러나 그 플레이 하나가 엄청난 결과를 초래하는 화근이 되었다.

반스로부터 볼을 빼앗은 아스널은 그 볼을 곧바로 라이트백 리 딕슨에게 연결했고, 리 딕슨은 곧바로 전방에 있던 앨런 스미스에게 그 볼을 이어 줬다. 그리고 딕슨의 패스를 받은 스미스는 전방으로 침투해 들어가던 토마스를 향해 왼발로 절묘한 로빙 패스를 이어 줬고, 이 패스로 인해 토마스는 리버풀 골키퍼 그로벨라와 1대1 찬스를 맞게 되었다.

리버풀 수비수 니콜, 한슨이 전력을 다해 쫓아오며 태클을 시도하기 직전 토마스는 칩샷을 날렸고 공은 그대로 리버풀 골망을 갈랐다. 리버풀 0-2 아스널. 아스널이 우승을 위해 정확히 필요했던 '2-0'의 승리를 경기의 마지막 순간에 만들어 낸 장면이자, 리버풀로서는 1분만 견뎠으면 더블을 달성할 수 있는 기회를 놓치는 순간이었다.

이 경기는 지금까지도 잉글랜드 축구 역사를 통틀어 가장 극적인 우승 장면으로 첫손에 꼽힌다. 2011/2012시즌 맨유와 맨시티의 우승이 마지막 순간에 갈린 적은 있지만, 1989년 경기의 경우 1, 2위 팀이 직접 최종전에서 경기를 펼쳤고 그 마지막 순간에 우승의 주인공이 뒤바뀌었다

잉글랜드 축구 역사상 가장 극적인 역전 우승 골이 들어가는 장면

는 점에서 맨유, 맨시티의 경우에 비해 비교 우위가 있다.

한편, 리버풀 팬들이 가장 사랑하는 레전드 중 한 명이자 당시 최고의 선수였던 존 반스는 경기가 끝난 후 수차례의 인터뷰에서 그의 커리어 중 가장 큰 후회가 바로 그 경기에서 "시간을 끌기 위해 코너플래그로 가지 않고 무리하게 공격을 시도한 것"이라고 밝히기도 했다.

60 | 1989/1990시즌, 리버풀의 18번째 리그 우승과 퍼거슨호 맨유의 비상

그렇게 앞선 시즌 팀이 우승을 눈앞에서 놓치는 데 가장 큰 빌미를 제공했던 존 반스는 직후 시즌이었던 1989/1990시즌 최고의 한 시즌을 보내며 '속죄'를 했다. 이 시즌 우승을 차지한 리버풀의 첫 득점자도, 최다 득점자도 반스였다(리그 22골, 전 대회 28골). 이는 그의 포지션이 최전방 공격수가 아닌 윙어였다는 것을 감안하면 대단한 기록이었다.

이 시즌 리버풀은 FA컵에서도 좋은 모습을 보이며 또 한 번 준결승전에 올라 결승전 진출을 노렸지만 모두의 예상을 깬 크리스탈 팰리스의 분전으로 인해 연장전까지 가는 승부를 벌이게 되었고, 그 끝에 결국 아쉬운 패배를 당하고 말았다. 이 경기에서 두 팀의 승부를 결정 짓는 결승골을 터뜨린 주인공은 미래에 EPL 감독으로 활동하게 되는 앨런 파듀였다. 바로 그 골이 파듀의 커리어에서 최고의 순간이었다.

참고로 이 시즌 리버풀을 꺾고 결승전에 진출한 크리스탈 팰리스는 결승전에서 맨유와 만나 연장전까지 가는 혈투 끝에 3-3으로 승부를 가리지 못하고 재경기까지 가는 선전을 펼쳤다. 이때 크리스탈 팰리스에서 두 골을 기록한 것이 당시 무명에 가까웠지만 이후 아스널 레전드가 되는 이안 라이트였다.

맨유는 결승전 재경기까지 승부를 끌고 간 크리스탈 팰리스를 꺾고 우승을 차지했는데, 이 우승이 바로 알렉스 퍼거슨 감독이 맨유에서 거둔 첫 번째 메이저 대회 우승이었다. 이 당시 맨유의 FA컵 우승이 아니었다면, 퍼거슨 감독은 그대로 경질 당했을 수도 있다는 것이 당시 영국 언론의 정설이었다. 퍼거슨 감독은 그 FA컵 우승을 계기로 신임을 얻게 되어 이후 리버풀의 리그 '최다 우승' 기록을 경신하는 주인공이 된다.

61 | 1991년 2월
케니 달글리쉬 감독 사임

1985년, 헤이젤 참사 직후 리버풀의 지휘봉을 잡고 1989년 힐스보로 참사를 감독으로서 지켜본, 리버풀뿐 아니라 그 어떤 클럽의 감독을 통틀어도 가장 깊은 고난의 시간을 감내해야 했던 달글리쉬 감독은 1991년 2월 에버턴과의 FA컵 4-4 무승부 경기를 끝으로 사임 의사를 밝혔다.

달글리쉬는 이후 수년이 지난 1997년 발행된 그의 자서전 『달글리쉬』에서 당시 그의 상황에 대해 다음과 같이 설명했다.

> 사고 당시에는 스스로도 깨닫지 못했지만, 힐스보로 참사는 내가 1991년에 리버풀을 떠나기로 결정한 가장 중요한 이유였다. 그 당시 나는 알 수 없는 압박감을 느꼈고, 그 사고로 인해 가족을 잃은 사람들이 아니라 내가 왜 그런 압박감을 느끼는지 나조차 잘 알 수 없었다.
>
> 사실 나는 1년 전인 1990년에 이미 감독직을 내려놓는 것을 고려했다. 힐스보로 참사로부터 내가 결국 클럽을 떠나기 전까지의 22년 동안 나는 끝없는 긴장감을 느꼈다. 1990년 크리스마스 즈음에는 내 몸 곳곳에 반점이 생기기 시작했고 그 중 몇몇은 얼굴에 나타나기도 했다. 그 후 나는 매일 의사를 만나 주사를 맞으며 일을 했다.
>
> 그런 과정에서 나는 나의 아이들에게 인내심을 잃고 화를 내기도 했다. 그 아이들의 얼굴에서 나로 인해 놀란 모습을 지켜보는 것이 힘

> 들었다. (중략) 나의 가족들은 모두 내가 건강하지 않으며 휴식이 필요한 상태라는 것을 알고 있었다.
> 나는 나 자신의 능력과 의사결정에 의심을 품게 되었다. (중략) 리버풀에는 결정을 내릴 수 있는 중요한 사람이 필요했다. 나는 더 이상 그것을 할 수 없었다.

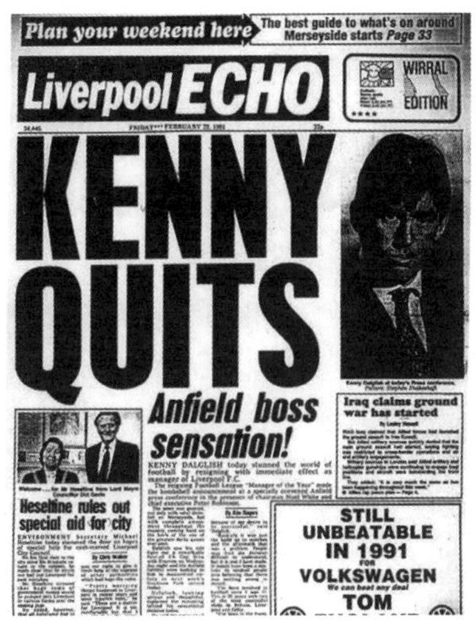

Plan your weekend here

The best guide to what's on around Merseyside starts Page 33

Liverpool ECHO

WIRRAL EDITION

KENNY QUITS

Anfield boss sensation!

KENNY DALGLISH today stunned the world of football by resigning with immediate effect as manager of Liverpool F.C.

Iraq claims ground war has started

Heseltine rules out special aid for city

STILL UNBEATABLE IN 1991 FOR VOLKSWAGEN

TOM

케니 달글리쉬의 사임 소식을 알리는 〈리버풀 에코〉 1면

결국 달글리쉬의 사임 후 리버풀은 부트룸의 오랜 멤버 중 한 명인 로니 모란 임시 감독 체제를 거쳐, 과거 달글리쉬와 함께 선수로 활약했던 그레엄 수네스를 감독으로 임명한다.

62 | 리버풀의 '킹' 케니 달글리쉬

2018년 10월 기준으로 리버풀 공식 홈페이지의 역사 섹션에 들어가 보면 레전드 4명의 사진을 제일 앞에 배치하고 '리버풀의 영웅들'이라고 소개하고 있다. 그 네 명은 시간 순서대로 나열하면 빌 샹클리, 밥 페이슬리, 그리고 달글리쉬와 제라드다. 앞의 두 사람이 감독으로서 레전드

감독 시절의 달글리쉬

였다면(페이슬리는 리버풀의 선수로도 뛴 적이 있긴 하지만, 분명 감독으로서 더 큰 공헌을 한 사람이었다), 뒤의 두 사람은 선수로서 최고의 레전드로 인정받은 존재들이었다.

물론 달글리쉬는 리버풀에서 감독으로서도 뛰어난 모습을 보여 준 존재였다. 헤이젤 참사 직후에 팀을 맡았던 그는 힐스보로 참사까지 겪으며 가장 어려운 시기에 리버풀을 이끌면서도 세 번의 리그 우승, 두 번의 FA컵 우승, 한 번의 리그컵 우승 등을 리버풀에 안겨 주었다.

그러나 달글리쉬의 현역 시절 모습을 돌아보면, 그는 분명 선수 시절 잉글랜드는 물론 유럽 최고의 공격수였다는 것을 절로 느끼게 된다. 케빈 키건이라는 당대 슈퍼스타의 대체자로 리버풀에 입단했던 달글리쉬였지만, 그는 키건이라는 인물이 오히려 그늘에 묻힐 정도로 리버풀에서 압도적인 활약을 했다. 달글리쉬와 같은 스코틀랜드 출신으로 이후 맨유를 리그 최다 우승팀으로 만드는 알렉스 퍼거슨 전 맨유 감독은 키건과 달글리쉬에 대해 "달글리쉬가 모든 면에서 더 뛰어난 선수였다"고 단언하기도 했다(퍼거슨 감독 역시 스코틀랜드 리그에서 득점왕을 차지한 공격수 출신이다).

달글리쉬는 이렇게 선수로서도, 감독으로서도 리버풀에서 완벽에 가까운 활약을 펼쳤던 사람이었지만, 거기에서 그치지 않고 인간으로서도 모두에게 존경 받을 만한 존재로 더욱 큰 사랑을 받았다.

안필드에서 'KING'으로 공식 소개되는 달글리쉬

특히 달글리쉬는 자신이 감독이었던 시절 발생했던 힐스보로 참사 이후 감독으로서 리버풀 클럽 측이 모든 희생자들의 장례식에 참가하도록 하는 한편, 본인 역시 대다수의 장례식에 직접 참가하면서 유가족들의 마음을 크게 위로했다. 달글리쉬는 이후 2018년에 영국 왕실로부터 공식적인 기사 작위를 수여 받으며 '달글리쉬 경(Sir Dalglish)'이 되는데, 그로부터 7년 전인 2011년 힐스보로 희생자들의 유가족이 영국 왕실에 달글리쉬를 기사로 임명할 것을 청원했던 일도 있었다.

그 외에도 달글리쉬는 리버풀 지역 주민들의 암 치료를 돕기 위한 자선 사업 등에도 적극적으로 나서 현재까지 천만 파운드가 넘는 금액을 모금하기도 했다.

이렇듯 선수로서, 감독으로서, 또 인간으로서 모든 면에서 완벽한

'롤모델'로 활약한 달글리쉬는 그 존재 그대로 리버풀이라는 클럽의 가치와 정체성을 가장 다방면에서 구현해 낸 인물이다. 그는 앞으로도 영원히 리버풀 최고의 레전드로 존경받고 사랑받을 것이며, 충분히 그런 자격이 있는 '리버풀인'이었다.

63 | 1991/1992시즌 수네스 감독의 리빌딩 시작과 FA컵 우승

1991/1992시즌은 그레엄 수네스 감독이 시즌의 시작부터 끝까지 풀시즌 동안 리버풀을 이끈 첫 번째 시즌이었다. 이 시즌부터 수네스 감독에 대한 평가는 엇갈리기 시작했다. 실제로 리버풀은 이 시즌 1981년 이후 최악의 성적인 리그 6위로 시즌을 마무리했다. 이런 리버풀의 모습을 보고 '리버풀의 시대는 끝났다'는 비판적인 시각도 나오기 시작했다.

그런 시선에는 수네스 감독의 과감하고 당돌한 캐릭터에 대한 우려도 많았다. 선수 시절부터 이미 그런 성격으로 유명했던 수네스 감독은 자신의 첫 풀시즌부터 오래 팀에서 활약했던 피터 비어슬리를 포함한 선수들을 내보내고, 1990년대 리버풀의 스타가 되는 스티브 맥마나만, 제이미 레드납 등에게 기회를 주는 파격적인 행보를 보이기 시작했다.

이런 변화 속에 리버풀은 리그에서의 실망스러운 성적을 위로해 줄 만한 우승 트로피를 들어 올리게 된다. FA컵 결승에서 만난 선더랜드에 2-0 승리를 거두며 FA컵 우승을 차지한 것이었다.

이 시즌 FA컵 우승의 특이한 사항 하나는 이 시즌 FA컵 결승전에

그레엄 수네스

서 선제골을 터뜨린 주인공이 다름 아닌 1988/1989시즌 마지막 순간 리버풀의 우승을 막고 아스널을 위한 결승골을 성공시켰던 마이클 토마스였다는 점이다. 1991년 12월 말 리버풀에 입단한 토마스는 이때 기록한 환상적인 터닝 슈팅에 이은 골로 한때 리버풀 팬들에게 악당과도 같았던 이미지를 털어내고 이후 1998년까지 리버풀에서 활약하게 된다.

한편, 이 해 결승전을 앞두고 심장 수술을 받았던 수네스 감독은 의사들의 반대에도 불구하고 FA컵 결승전을 지켜보기 위해 웸블리를 방문해 팀의 승리를 함께하기도 했다.

64 1992년 10월, OT에서 신기록을 달성한 이안 러쉬

리버풀의 창단 100주년이자, 풋볼리그가 EPL로 새롭게 태어난 시즌이었던 1992/1993시즌은 리버풀에게 전반적으로 실망스러운 시즌이었다. 리그에서는 6위에 그쳤고, FA컵, 리그컵에서도 모두 조기에 탈락했다. 앞선 시즌의 FA컵 우승으로 참가하게 된 UEFA 컵위너스컵에서도 2라운드에서 탈락했다.

여러모로 샹클리-페이슬리-달글리쉬로 이어지는 동안 리버풀이 보여 줬던 모습이 점점 사라져 가고 있었다.

그러나 이 시즌 리버풀에 가장 의미 있는 장면은 리버풀의 '천적'인 맨유의 홈구장 올드트래포드에서 나왔다. 현재까지도 리버풀 최다 득점자 기록을 보유하고 있는 이안 러쉬가 10월 18일 맨유 원정경기에서 로저 헌트의 클럽 최다 골 기록(245골)을 경신하며 새로운 기록을 달성한 것이었다.

이 골을 득점한 직후 러쉬는 다음과 같이 말했다.

> 피터 슈마이켈이라는 최고의 골키퍼가 뛰는 맨유를 상대로 신기록을 달성하게 되어 정말 기쁘다.나의 아버지는 리버풀 팬이었고, 로저 헌트는 그의 영웅이었다. 그래서 그의 아들이 헌트의 기록을 경신하는 순간 나의 아버지는 눈물을 흘리셨다. 나는 그런 아버지를 보며 더 자랑스러움을 느꼈다.

러쉬는 리버풀에서 총 346골이라는, 믿기 힘든 골 기록을 남긴 최고의 '골 스코어러'였다. 리버풀은 역사를 통틀어 화려하고 스타성이 출중한 공격수를 유난히 많이 배출한 클럽이었지만, 머리, 오른발, 왼발을 가리지 않고 모든 방법으로 '골을 넣는 능력'에 있어서 러쉬를 능가할 선수는 아무도 없었다.

이안 러쉬

그의 대단한 골 기록이 그 사실을 증명한다. 그가 남긴 346골이라는 대기록은 향후 누구도 쉽게 깨기 어려울 것으로 보인다.

65 | 1993/1994시즌, 로이 에반스 감독과 '스파이스 보이스'의 등장

1992년의 FA컵 우승 이후 수네스 감독은 지속적으로 실망스러운 모습을 보였다. 리버풀 팬들이 수네스 감독에게 실망한 것에는 단순히 성적 부진만이 아니라, 수네스 감독이 힐스보로 참사에 대한 악의적인 보도를 했던 〈더 선〉과 가진 인터뷰가 하필이면 힐스보로 참사와 같은 날짜에 보도되면서 비판대에 오른, 경기장 밖에서의 부정적인 면들도 있었다. 결과적으로 감독으로서 그의 강단 있는 캐릭터는 리버풀에서 긍정적인 효과를 보기보다 부정적인 모습을 보였던 것이 사실이었다.

결국 1994년 1월, 리버풀이 브리스톨 시티에 패하며 FA컵에서 탈락함과 동시에 수네스 감독의 리버풀 재임 기간은 그대로 끝이 나고 말았다.

수네스가 리버풀 감독 시절 남긴 가장 큰 유산은 앞서도 소개했듯 맥마나만, 레드납, 그리고 이후 1990년대 리버풀 최고의 스타로 성장하는 로비 파울러 등 젊은 유망주들에게 기회를 줬던 것이었다. 그의 후임으로 리버풀 감독이 된 로이 에반스 감독은 그런 선수들에게 더 많은 기회를 주며 리버풀의 새로운 세대를 열어 가려는 모습을 보여 주었다.

에반스 감독은 빌 샹클리 감독 시절부터 내려오는 부트룸에 뿌리를 둔 감독이었다. 소년 시절부터 리버풀 팬이었던 그는 리버풀 연습생 시기를 거쳐 리버풀에서 선수 생활을 했고, 샹클리 감독 시절부터 이미 리버풀의 모든 감독을 보좌하며 코치로서 활약했던 인물이었다.

한편, 수네스 감독이 영입해서 에반스 감독 시기에 중심 선수로 성장한 선수들 및 이후 에반스 감독의 영입으로 리버풀에 입단하는 선수들은, 이 시기 잉글랜드를 강타했던 인기 걸그룹 '스파이스 걸스'의 이름과 비교해 '스파이스 보이스'라는 애칭으로 불리게 된다.

그 대표적인 선수들로는 제이미 레드납, 스티브 맥마나만, 로비 파울러, 데이비드 제임스, 스탄 콜리모어 등이 있었다.

66 | 1994년 4월 30일 '올드' 콥 스탠드와의 작별

에반스 감독이 지휘봉을 잡았던 첫 시즌 막바지인 1994년 4월 30일, 리버풀 역사에 중요한 한 순간이 있었다. 잉글랜드는 물론 유럽에서도 가장 열정적이었던, 요한 크루이프를 포함한 수많은 최고의 레전드들을 매혹시켰던 과거의 콥 스탠드가 철거되고 그 자리에 전석을 좌석(이전의 스탠드는 입석 스탠드였다)으로 설치한 새로운 스탠드 공사가 시작되었던 것이다.

이런 변화에 결정적인 계기가 된 것은 다름 아닌 1989년의 힐스보로 참사였다. 그 사고 이후 잉글랜드 축구계에서는 1800년대 말부터 1900년대 초반에 지어졌던 경기장들의 설비가 너무 낙후되었고 안전상의 위험이 있다는 것을 지적하는 〈테일러 리포트〉에 의해 전국의 모든 축구장을 좌석 구장으로 바꾸는 캠페인이 진행됐다.

그런 배경 속에 입석 콥 스탠드 앞에서 리버풀이 가진 마지막 경기의 상대팀은 노리치 시티였고, 리버풀은 이 경기에서 노리치에 0-1 패배를 당했다. 그러나 그 패배와는 관계없이 리버풀 팬들은 경기 후 끝까지 남아 역사적인 스탠드에서의 마지막 응원가를 불렀다.

총 44,339명의 관중이 모인 경기가 끝난 후 리버풀의 최고 레전드들이 팬들 앞에 모습을 드러냈다.

그 레전드들은 입장 순서대로 '리델풀' 빌리 리들, 샹클리 감독 시절부터 활약했던 명수비수 토미 스미스, 리버풀 팬 출신으로 리버풀 레전드가 된 필 톰슨, '킹' 케니 달글리쉬, 조 페이건, 제시 페이슬리(밥 페이슬리

마지막으로 입석 콥 스탠드에서 홈경기를 보기 위해 줄을 서 있는 리버풀 팬들

감독의 아내), 네시 샹클리(빌 샹클리 감독의 아내)였다.

67 1994~1996년 파울러의 맹활약과 5번째 리그컵 우승

1994/1995시즌은 그 전 몇 시즌 동안 잠재력을 서서히 만개시켜 나가고 있던 리버풀의 두 젊은 선수 로비 파울러와 스티브 맥마나만이 리그 최정상으로 올라섰던 시즌이었다. 이 시즌 파울러는 리그에서만 25골을 기록했고, 모든 대회에서 31골을 기록하며 이안 러쉬 이후 리버풀 최고의 공격수로 굳건하게 자리를 잡았다.

리그에서는 4위에 머무른 리버풀은 리그컵에서 번리, 스토크 시티,

블랙번, 아스널, 크리스탈 팰리스를 꺾고 결승에 진출해 에반스 감독 부임 후 첫 번째 메이저 대회 우승을 노렸다. 그리고 이 결승전에서 리버풀은 홀로 두 골을 터뜨린 맥마나만의 활약에 힘입어 2-1 승리를 거두었다.

다음 시즌인 1995/1996시즌은 리버풀 선수단의 애칭이었던 '스파이스 보이스'의 활약이 그 정점을 찍었던 시즌이었다. 로비 파울러가 지난 시즌보다도 더 많은 리그 28골, 전 대회 36골의 활약을 펼친 데 힘입어 리버풀은 리그 우승 경쟁에 뛰어들었지만, 결국 맨유와 뉴캐슬에 이은 3위에 그치며 아쉬움을 삼켜야 했다.

그러나 더 큰 아쉬움은 FA컵 결승전이었다. '스파이스 보이스'라는 별명에 걸맞게 경기 전 화려한 하얀색 정장을 차려 입고 웸블리 스타디움에 입장했던 리버풀 선수들은 리그 우승팀 맨유를 상대로 좋은 경기를 펼쳤지만 후반 종료 5분을 남기고 터진 맨유 주장이자 에이스, 에릭 칸토나의 골로 패하며 준우승에 그치고 말았다. 영국 언론에서는 당시 리버풀의 결승전 패배가 곧 '스파이스 보이스'의 해체에 결정적 모멘텀이 되었다고 보고 있다.

한편, 리버풀이 과도기에 놓여 있던 1990년대 중반, 리버풀에서 활약한 모든 선수들 중 팬들의 가장 많은 사랑을 받았던 것은 단연 리버풀 팬들로부터 '갓(GOD, 신)'이라는 애칭으로 불렸던 로비 파울러였다.

소년 시절 에버턴 팬이었으나 성장하면서 리버풀에서 활약하게 된 파울러는 1994/1995시즌 아스널을 상대로 4분 33초 만에 해트트릭을 달성하는 등 이후 1997년까지 매년 30골 이상의 골을 기록하며 최고의

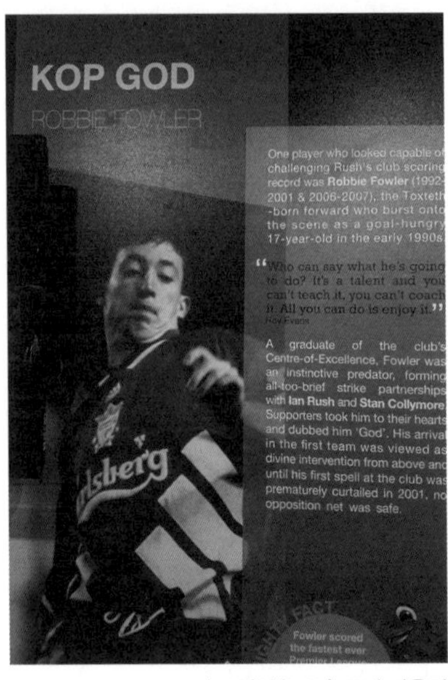

'KOP'의 'GOD', 로비 파울러

공격수로 떠올랐다.

그는 이안 러쉬가 리버풀에서 더 이상 뛰지 않게 됐던 시기로부터 울리에 감독 시절 마이클 오웬과 헤스키의 투톱이 첫 번째 옵션으로 기용될 때까지, 즉 리버풀의 침체기에 리버풀 팬들에게 가장 큰 희망을 준, 그래서 현재까지도 널리 사랑받는 그런 존재였다.

68 | 1996~1998년 오웬&캐러거의 등장

1996년 FA컵 결승전에서의 패배 이후, 리버풀은 줄곧 리그에서 상위권에 위치했지만 그렇다고 리버풀의 기준에서 성공이라고 부르기도 어려운 그런 애매한 성적을 이어 갔다. 수네스, 에반스 감독으로 이어진 1990년대 리버풀의 시대가 그 이전에 비해 강력한 모습을 보여 주지 못하는 것에 대한 팬들의 우려도 점점 더 깊어졌다.

그러나 이 시기 리버풀 팬들은 유소년팀을 통해 또 한 번의 재능 있는 세대가 배출되는 모습을 보고 미래에 대한 희망을 안을 수 있었다. 이후 리버풀 최고의 스타가 되는 마이클 오웬, 제이미 캐러거가 뛴 리버풀 유소년 팀이 리버풀 구단 역사상 처음으로 FA 유스컵 대회 우승을 차지한 것이었다.

이 해 결승전에서 리버풀 유소년 팀과 상대한 웨스트햄 유소년 팀에는 프랭크 램파드, 리오 퍼디난드 등이 뛰고 있었다. 바야흐로 21세기 축구팬들에게 익숙한 새로운 레전드들의 시대가 다가오고 있었다.

CHAPTER 6.

1998~2016년

'이스탄불의 기적'과 '캡틴' 제라드의 시대

1998년, 울리에 감독의 부임으로 인해 시작된 리버풀의 개혁은 2004년 그의 뒤를 이어받는 베니테즈 감독의 대에 그 결실을 맺는다. 그런 과정 가운데 리버풀은 축구 역사에 길이 남을 '이스탄불의 기적'을 달성한다. 그러나 이후 구단주가 바뀌는 혼란스러운 변화 속에 베니테즈 감독의 시절은 더 이상의 큰 성공 없이 마무리되고, 이후 리버풀은 호지슨, 달글리쉬, 로저스 감독을 거치며 폭풍 같은 변혁의 시대를 거치게 된다. 너무 많은 변화를 겪으며 1970~80년대의 영광을 재현하지 못하는 리버풀에는 스티븐 제라드라는 한 명의 완벽한 '캡틴'이 있었다.

Chapter6.

'이스탄불의 기적'과 '캡틴' 제라드의 시대
1998~2016년

69 | 1998년 울리에 감독 부임

1999년 7월 16일, 프랑스 출신의 제라르 울리에 감독이 로이 에반스 감독과 공동 감독으로 리버풀에 부임했다.

물론 최초에 그의 역할은 '공동' 감독이었지만, 그가 감독이라는 직함을 맡았다는 것은 리버풀에게 있어 중대한 변화를 의미했다. 1996년 아스널에 부임한 아르센 벵거 감독이 1997/1998시즌 더블을 기록하며 프리미어리그 전체에 거대한 혁신을 불러오던 시기에 발맞춰, 리버풀 역시 비영국인 감독을 최초로 영입하여 서서히 유럽 대륙의 축구를 받

제라르 울리에

아들이며 팀을 혁신할 의지를 보였던 것이다. 또한, 그의 감독 부임은 공동 감독인 에반스 감독까지 이어졌던 부트룸 출신 감독 시대의 종말을 의미하기도 했다.

울리에 감독은 1969/1970시즌에 리버풀에서 공부를 한 바 있고 당시 '리버풀 알솝'이라는 아마추어 팀에서 뛰기도 했다. 그 시절부터 이미 그는 리버풀에 대한 관심과 애정을 갖고 있었고, 감독으로 부임하는 자리에서 직접 자신이 리버풀을 서포팅했다는 사실을 밝히기도 했다.

1988년, 프랑스 대표팀 감독을 맡았던 미셸 플라티니의 추천으로 기술이사 겸 코치로 부임했던 울리에는 이후 1994 월드컵을 앞두고 프랑스 대표팀 감독이 되었지만 결과적으로 프랑스의 1994 월드컵 진출이 좌절되면서 경질당했다. 그 과정에서 경기 중 결정적인 실수를 했던 다비드 지놀라를 공개적으로 비판하며 두 사람의 사이가 오랜 구설수에 오르기도 했다. 그러나 그 후에도 울리에는 1998년 프랑스 월드컵까지 기술이사로 다시 일하며 팀의 월드컵 우승에 공헌하기도 했다.

리버풀로서는 부트룸의 전통을 간직하고 있고 리버풀이라는 구단 전체를 잘 아는 에반스 감독과, 당시 세계 최강으로 떠오른 프랑스 축구계의 실력파 인재였던 울리에 감독을 공동 감독으로 임명하면서 두 사람의 시너지를 노렸으나, 결과적으로 그들의 시도는 완벽한 실패로 돌아가고 말았다.

시간이 지나면서 선수들이 누구를 감독으로 대해야 할지 혼란스러워한다는 보도가 이어졌으며 일부 언론에서는 두 감독이 서로 대화도 나누지 않는다는 보도를 하기도 했다. 어찌 보면, 한 팀에 감독이 두 사람이라는 것 자체가 상상하기 힘든 일이었을지도 모른다.

결국 그런 분위기 속에서 에반스 감독이 "리버풀을 위해서"라는 말을 남기며 팀을 떠났고, 울리에 감독의 단독 재임 기간이 시작되었다. 자신이 지휘봉을 잡으면서 리버풀의 오랜 전통을 이어 오던 다른 한 감독이 나갔으니 울리에 역시 부담스러운 상황이었다. 그런 가운데 울리에 감독은 묘안을 냈다. 리버풀 팬 출신에 리버풀 선수로 오래 활약했고 리버풀 팬들이 가장 사랑하는 레전드 중 한 명을 자신의 수석 코치로 임명한 것이었다.

그렇게 샹클리, 페이슬리 감독 시절 리버풀에서 활약했던 필 톰슨 코치가 수석 코치로 안필드에 복귀하면서 본격적인 '울리에 시대'가 개막되었다.

리버풀 리빌딩의 시작

울리에 감독 체제가 시작되고 처음 생긴 변화는 에반스 감독 체제에서 큰 영향을 가졌던 선수들, 그 중 특히 울리에 감독의 철학과 맞지 않거나 자기 성향을 무시하는 모습을 보였던 선수들을 과감하게 내보낸 것이었다. 그 과정에서 팀을 떠난 대표적인 선수가 폴 인스였다. 울리에 감독은 자신이 새롭게 이끌고자 하는 팀에 인스가 부정적인 영향을 미친다고 판단하여 그를 과감하게 내쳤고, 그로 인해 감독으로서의 권위를 세우기 시작했다.

인스만이 아니었다. 그가 부임한 지 얼마 지나지 않아 1990년대 '스파이스 보이스'라 불렸던 선수들 대부분이 팀을 떠나게 되었다. 제이슨 맥아티어, 데이비드 제임스 등이 대표적이다. 그들 중에서도 가장 뛰어난 인재였던 스티브 맥마나만 역시 이와 비슷한 시기에 자유이적으로 레알 마드리드로 떠났다.

울리에 감독은 이어서 스스로 천명한 '5년 리빌딩' 프로젝트를 차근차근 시작했다. 그가 1998년과 1999년 사이에 영입한 선수 중 가장 큰 임팩트를 남긴 것은 단연 수비수 사미 히피아였다. 히피아 외에도 훗날 이스탄불의 기적에 중요한 역할을 하는 스미체르, 하만 등이 영입되며 새로운 판이 짜여졌다. 울리에의 지휘 아래 리버풀 훈련장인 멜우드의 시설도 전보다 더 보강되었다.

그러나 1998년 리버풀에 가장 의미 있는 순간은 따로 있었다. 이후부터 현재까지, 리버풀 구단 역사 전체를 통틀어서도 달글리쉬와 함께

사미 히피아

가장 사랑받는 레전드로 성장하는 스티븐 제라드가 드디어 1군 팀에 데뷔한 것이었다.

71 | 1998년 11월 29일

제라드의 리버풀 데뷔

제라드는 이미 9세의 나이에 리버풀 스카우트의 눈에 띄어 유소년 팀에 입단, 이후 17세에 프로 계약을 맺었다. 당시 리버풀 아카데미를 이끌고 있던 것은 1970년대 리버풀의 스타 플레이어였던 스티브 하이웨이였는데, 그는 당시 제라드의 모습을 회상하며 다음과 같이 말했다.

> 나는 제라드를 지켜보면서 그가 리버풀뿐 아니라 잉글랜드를 대표할 선수가 될 것이라고 생각했고 구단에 그렇게 이야기했다. 내가 아카데미를 이끄는 동안(1989~2007년) 그렇게까지 추천한 선수는 많지 않았다.

제라드가 리버풀 1군 데뷔전을 치른 것은 1998년 11월 29일, 블랙번을 상대로 교체 출전하면서였다. 그 경기에서 제라드의 출전은 누구도 예상하지 못한 일이었는데, 울리에 감독이 교체 출전을 준비하는 제라드의 등을 두드려 주는 순간 이 경기의 중계자는 다음과 같이 코멘트했다.

> 팀시트에 단 한 번도 이름을 올린 적이 없는, 오늘 매치데이 프로그램에도 없는 선수가 출전합니다. 십대의 어린 선수 스티븐 제라드. 많은 팬들이 저 선수가 누구인지 궁금해하고 있습니다.

이후, 그가 처음으로 선발 출전한 경기는 토트넘전이었는데, 묘하게도 제라드는 당시 토트넘의 에이스였던 지놀라를 마크하는 역할을 맡게 되었다. 앞서 소개했듯, 그를 선발 출전시킨 울리에 감독과 지놀라는 울리에 감독이 프랑스 대표팀 감독이었던 시절 있었던 일로 원수와도 같은 사이였다. 제라드는 당시 프리미어리그 최고의 테크니션 중 한 명이었던 지놀라를 상대로도 준수한 플레이를 펼치며 잠재력을 선보였다.

제라드는 첫 시즌, 당시 리버풀의 주장이었으나 부상으로 많은 경기

데뷔 시즌 앳된 얼굴의 제라드

에 나서지 못했던 제이미 레드납의 백업 자원으로 활약하며 총 13경기에 출전했는데, 레드납은 제라드를 처음 본 순간에 대한 흥미로운 일화를 고백한 적이 있다.

> 어느 날 팀 훈련에 유소년 팀 선수들 몇 명이 올라와서 1군과 함께 훈련을 하는데 그 중 한 명이 제라드였다. 훈련을 하다가 그가 40m 정도 거리의 롱패스를 했는데, 그가 볼을 찰 때 볼에서 나는 소리를 듣는 순간 나는 마음속으로 '어라, 이 꼬마 누구지? 뭐 하는 녀석이야?'하고 생각했다. 잠시 후 그가 폴 인스와 1대1 대결을 하다가 그로부터 볼을 빼앗는 모습을 보고 '이 꼬마는 모든 능력을 다 갖췄다'고 확신했다.

첫 시즌 제라드는 현재 팬들에게 익숙한 등번호 8번이 아닌 28번을 입고 출전했다. 앳된 얼굴의 제라드는 매 경기 출전할 때마다 자신이 할 수 있는 것을 다 보여 주며 빠르게 팬들의 마음을 사로잡기 시작했다.

72 | 2001년 2월

리그컵 + FA컵 우승

울리에 감독의 부임 후 첫 시즌이었던 1998/1999시즌, 리버풀은 에반스 감독과의 공동 체제가 시즌 초반 무너지면서 어수선한 모습을 보인 끝에 리그 7위로 시즌을 마무리했다. 그러나 울리에 단독 감독 체제에서 시즌을 시작했던 1999/2000시즌에는 리그를 4위로 마감하며 다음 시즌 UEFA컵 진출 자격을 얻어 냈다.

그렇게 시작된 2000/2001시즌은 리버풀에게 또 하나의 잊지 못할 특별한 시즌으로 기억된다.

이미 사미 히피아, 에밀 헤스키, 하만 등을 영입하며 자신의 팀을 만들어 나가던 울리에 감독은 2000/2001시즌을 앞두고 닉 밤비, 크리스티안 지게 등 많은 선수를 추가로 영입했는데, 이 시즌 그의 가장 성공적인 영입은 자유이적으로 데려온 스코틀랜드 출신 미드필더 게리 맥칼리스터였다. 당시 이미 35세였던 그의 영입에 회의적인 시각을 내놓는 일부 팬들도 있었지만 맥칼리스터는 이 시즌 리버풀이 세 개 대회에서 우승 경쟁을 펼치는 데 아주 큰 역할을 했다.

특히 그는 아직 어린 유망주였던 제라드에게 롤모델과 같은 역할을 하며 그의 발전에 많은 영향을 미쳤다. 제라드는 최고의 경험을 가진 맥칼리스터가 팀에 합류한 이후 한층 더 성숙한 경기력을 보여 주며 이 시즌 모든 대회에서 50경기에 출전해 10골을 터뜨린다. 이 시기부터 이미 제라드는 잉글랜드의 미래이자 '빅 게임 플레이어'라는 평가를 받기 시작했다.

게리 맥칼리스터

울리에 감독의 지휘 아래 주전 센터백 조합으로 자리 잡은 히피아와 앙쇼는 1999/2000시즌, 이미 전 시즌에 비해 19골을 덜 실점하며 좋은 모습을 보여 주고 있었다. 리버풀 유소년 팀 출신의 캐러거 역시 수비진에서 우측, 좌측면 등 다양한 포지션을 소화하며 팀 전력에 힘을 보탰다. 맥칼리스터, 제라드, 하만, 머피, 밤비 등이 맹활약한 미드필더는 단단했고 오웬과 헤스키, 그리고 파울러가 이끈 공격은 최고 수준이었다.

이런 분위기 속에 리버풀은 2001년 2월 25일 열린 버밍엄과의 리그컵 결승전에서 승부차기 끝에 우승을 차지한 것을 시작으로 FA컵에서도 결승전에 진출했다. 결승전 리버풀의 상대는 아르센 벵거 감독의 아스널. 당시 맨유와 '양강' 체제를 이루고 있던 아스널을 상대로 리버풀은 융베리에게 선제골을 내주었지만 후반전 종료 10분을 남기고 5분 사이에 연달아 두 골을 터뜨린 마이클 오웬의 활약으로 2-1 역전승을 거두었다. 오웬의 두 번째 골이 터진 직후 BBC의 중계자는 다음과 같이 코멘트했다.

> 마이클 오웬! 오웬이 거의 혼자 힘으로 리버풀에 우승을 안깁니다!

마이클 오웬은 훗날 레알 마드리드로 이적한 후 뉴캐슬을 거쳐 리버풀과 가장 사이가 안 좋은 라이벌 클럽 맨유로 이적하며 리버풀 팬들로부터 미움을 받게 되기도 하지만 이 시기 오웬의 활약은 리그는 물론 유럽 내에서도 최정상의 수준이었다. 특히 이 시즌 FA컵 우승은 오웬이라는 선수 개인의 역량으로 만들어 낸 우승이라고 봐도 무방했다. 결국 그는 이 시즌이 끝난 후 유럽 최고의 선수에게 주어지는 발롱도르를 수상했다.

73 | 2001년 5월
UEFA컵 우승과 '컵 트레블' 달성

이미 리그 내 두 컵대회에서 우승을 차지한 리버풀. 그러나 이 시즌 그들의 하이라이트는 따로 있었다. 2001년 5월 16일 도르트문트에서 열린 UEFA컵 결승전에서 리버풀이 스페인 클럽 알라베스와 연장전까지 가는 혈투 끝에 5-4 승리를 거두었던 것이다.

이 시즌 UEFA컵에서 리버풀은 4라운드 AS 로마, 5라운드 포르투, 6라운드에서는 바르셀로나를 꺾고 결승에 진출했다. 특히 팽팽했던 바르셀로나와의 4강전에서는 맥칼리스터가 침착하게 페널티킥을 성공시

2001년 5월 16일 UEFA컵 결승전 리버풀 선발 스쿼드

키며 팀을 결승전으로 이끌었다.

도르트문트에서 열린 알라베스와의 결승전에서 리버풀은 바벨과 제라드의 골로 손쉽게 경기를 풀어나가는 듯했으나 후반전 마무리 직전에 터진 조르디 크루이프(요한 크루이프의 아들)의 골로 4-4 동점을 이룬 채 연장전을 맞이했다. 그러나 연장전에 알라베스의 자책골이 터지면서 그대로 리버풀은 5-4 승리를 거두며 트레블을 달성했다.

이 시즌 리버풀은 트레블 외에도 리그에서 3위를 차지하며 다음 시즌 챔피언스리그 진출권을 따내기도 했다. 특히 이 과정에서 4월 이후 에버턴, 토트넘, 뉴캐슬 등 까다로운 상대들에 모두 승리했는데, 그 중 4월 16일 열린 에버턴 원정 머지사이드 더비에서 맥칼리스터가 후반 종료 직전에 터뜨린 결승골은 '백미'였다.

About Liverpool

리버풀의 트레블이 '미니 트레블'이라고 불리는 이유

리버풀은 2000/2001시즌 리그컵, FA컵, UEFA컵에서 승리하며 세 개의 컵대회에서 우승을 차지했다. 이는 두 개의 대회에서 우승할 경우 '더블'이라고 부르는 기준에 의하면 그대로 '트레블'이라고 지칭해도 이상이 없는 부분이다. 단, 영국 현지에서 일부 언론과 팬들에게 이 시즌 리버풀의 트레블이 '미니 트레블'이라고 불리는 이유는 잉글랜드에서 전통적으로 '더블'이라고 칭하는 것은 리그와 FA컵 우승을 차지한 경우이기 때문이다. 풋볼리그 초기, FA컵과 리그 두 개 대회가 전부였던 시절에 두 대회 모두 우승을 차지한 팀을 '더블 위너'라고 칭했던 것이 그 전통의 시작이었다.

74 2001년
리버풀의 5관왕 달성과 울리에 감독의 발병

2000/2001시즌 트레블을 달성한 리버풀은 그 다음 시즌 8월에 열린 두 차례의 경기에서 승리하며 한 해 총 5개의 대회에서 우승하는 기염을 토했다. 8월 12일 밀레니움 스타디움에서 열렸던 맨유와의 커뮤니티 쉴드 승리, 그리고 24일 바이에른 뮌헨과의 유럽 슈퍼컵에서 승리하며 거둔 우승이 그것이었다. 이 두 대회에서의 우승을 더해 리버풀은 잉글랜드 클럽 역사상 최초로 1년 사이에 5개의 우승 트로피를 들어올린 팀이 되었다.

특히 바이에른 뮌헨과의 유럽 슈퍼컵 경기에서는 이제 막 리버풀에 입단했던 레프트백 욘 아르네 리세가 자신의 데뷔골을 터뜨리며 일찌감치 리버풀 팬들의 마음을 사로잡기 시작했고 당시 리버풀이 자랑하는 투톱이었던 오웬과 헤스키 역시 나란히 골을 성공시키며 팀의 3-2 승리를 이끌었다.

이렇듯 최고의 한 해를 보냈던 리버풀과 울리에 감독은 새 시즌 리그에서 좋은 출발을 했지만, 곧 예기치 않은 문제에 봉착하게 되었다. 울리에 감독이 갑작스러운 심장병 발병으로 5개월 동안 팀을 직접 지휘하지 못하는 상황이 발생한 것이었다. 이 기간 중 리버풀 레전드 출신으로 팀에 대해 누구보다 잘 아는 필 톰슨이 감독 대행 역할을 수행하면서 좋은 모습을 보여 주었지만, 선장을 잃은 리버풀은 직전 시즌처럼 중요한 순간에 그들이 보여 줬던 경기력을 다시 펼치지 못했다.

울리에 감독이 건강을 회복하고 돌아온 것은 리버풀이 챔피언스리

5관왕 달성을 완성시킨 슈퍼컵 우승

그 8강에 진출하기 위해 AS 로마를 2골 차로 이겨야 했던 3월 19일의 안필드 홈경기였다. 사전에 전혀 예고되지 않았던 울리에 감독의 등장에 안필드 전체가 힘을 얻었고, 리버풀은 결국 그들의 감독이 지켜보는 가운데 정확히 그들에게 필요했던 2-0 승리를 거두며 8강에 진출했다.

8강에서 레버쿠젠을 만난 리버풀은 홈에서 열린 1차전에서 히피아의 골로 1-0 승리를 거두었지만, 2차전에서 발락, 베르바토프 등에게 골을 내주며 2-4로 무너져 우승 도전에 실패했다.

결국 리버풀은 시즌 도중 5개월간 울리에 감독이 자리를 비웠음에도 리그 2위라는 좋은 성적으로 이 시즌을 마감하게 되었다. 울리에 감독의 장기 공백에도 불구하고 2위를 차지했다는 점을 감안하면, '만약 울리에의 공백이 없었다면 어떻게 됐을까'라는 물음을 가져볼 수밖에 없는 상황이었다.

특히 울리에 감독이 복귀한 후 이전과 같은 모습을 보여 주지 못했다는 점을 고려하면 당시의 상황은 리버풀과 울리에 감독 모두에게 아주 큰 아쉬움으로 남게 되었다.

75 | 2002/2003시즌, 울리에 감독 최악의 영입과 **실망스러운 시즌**

심장병 발병 이후 울리에 감독에게 있어 가장 눈에 띌 만큼 크게 달라진 것은 선수를 보는 눈이었다. 이전까지 히피아와 맥칼리스터의 영입, 제라드의 중용을 비롯해 수많은 효과적인 결정을 내렸던 울리에 감독은 2002/2003시즌부터 팬들의 입장에서 이해하기 힘든 영입과 여러 결정을 내리면서 점점 신뢰를 잃게 되었다.

가장 대표적인 경우는 2001/2002시즌 리버풀에 임대되어 뛰어난 활약을 선보였던 공격수 니콜라스 아넬카를 완전 영입할 수 있는 기회를 포기하고 검증되지 않은 선수였던 엘 하지 디우프를 데려온 일이었다. 그에 더해 울리에 감독은 나이는 있지만 여전히 좋은 활약을 해주고 있던 두 선수 리트마넨, 맥칼리스터를 방출하는 대신, 리버풀 최악의 영입으로 손꼽히는 두 선수 살리프 디아오와 브루노 셰루를 영입했다.

이런 분위기 가운데 진행된 2002/2003시즌 리버풀은 리그 초반 12경기에서 9승 3무라는 호성적을 거두며 리그 우승의 꿈을 꿨지만, 미들스브로에 0-1 패배를 당하고 챔피언스리그에서도 조기 탈락하는 부진이 겹치며 이후 1월까지 무승 행진을 이어가게 되었다. 이 시점에 이미 리버풀은 리그 우승 경쟁에서 멀어졌다.

공격진에서 마이클 오웬은 여전히 뛰어난 모습을 보여 줬지만, 아넬카를 포기한 대신 데려온 엘 하지 디우프는 47경기 6골이라는 실망스러운 모습을 보이며 울리에 감독의 선택에 대한 원성을 더욱 높게 만들었다.

결국 리버풀은 다음 시즌 챔피언스리그 진출 여부가 걸렸던 시즌 마지막 경기에서 마찬가지로 챔스 진출에 사활을 걸었던 라니에리 감독의 첼시에 패하며 첼시에 챔피언스리그 진출권을 내주게 된다. 거꾸로, 첼시의 입장에서 이 경기는 그들의 운명을 바꾼 아주 중요한 경기가 되었다. 이 경기 결과가 곧 로만 아브라모비치 구단주가 첼시를 인수하는 결정적 원인이 되었기 때문이다(자세한 내용은 『누구보다 첼시 전문가가 되고 싶다』 참고).

76 | 2002/2003시즌, 오웬-제라드의 맹활약과 리그컵 우승

리그에서의 성적을 기준으로 볼 때 2002/2003시즌은 울리에 감독의 리버풀이 하락세를 타기 시작한 시점이었지만, 이 시즌 리버풀은 맨유와의 리그컵 결승전에서 2-0 완승을 거두며 울리에 감독 체제에서 또 한 번의 우승 트로피를 들어올렸다.

양팀의 경기 스코어는 2-0이었지만 맨유에도 많은 득점 기회가 있었다. 이후 '이스탄불의 기적'의 주역이 되는 두덱은 이 경기에서 연거푸

2002/2003 리그컵 결승전 리버풀 선발 스쿼드

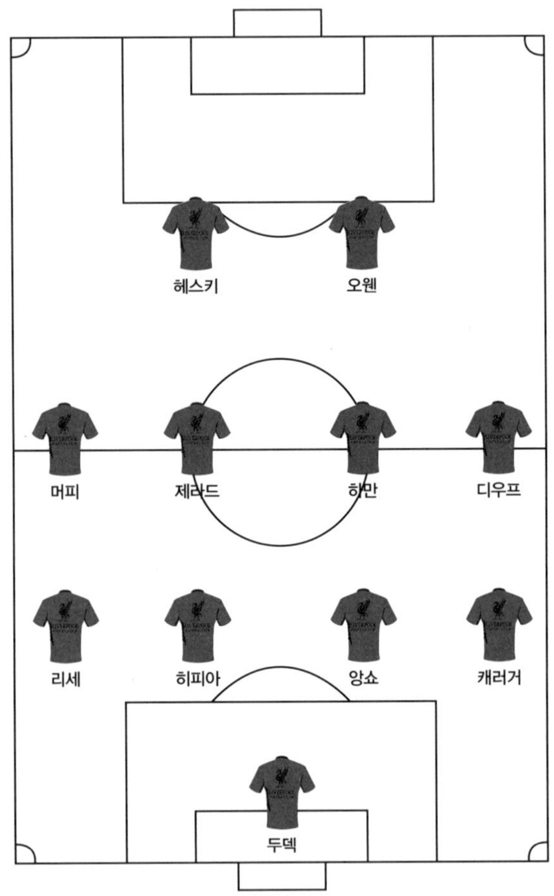

마이클 오웬

멋진 선방을 보여 주며 팀 우승에 큰 기여를 했다. 중앙 수비수 앙쇼 역시 골문이 빈 상태에서 맨유 미드필더 스콜스가 날린 슈팅을 걷어 내는 결정적인 수비를 펼쳤다.

리버풀의 승리를 확정 지은 두 주인공은 리버풀 아카데미 출신의 두 레전드 제라드와 오웬이었다. 리버풀은 제라드가 날린 중거리 슈팅이 베컴의 발에 맞고 굴절되어 들어가며 리드를 잡았고, 이후 오웬이 완벽한 슈팅으로 쐐기골을 성공시키며 끝내 우승을 차지했다.

이는 3년간 리버풀이 거둔 6번째 메이저 대회 우승 트로피였다.

77 2003/2004시즌, 챔스 복귀와 **울리에 감독의 퇴장**

그 후 이어진 2003/2004시즌은 결과적으로 울리에 감독이 리버풀에서 보낸 마지막 시즌이 되었다. 이 시즌 리버풀은 UEFA컵, 리그컵, FA컵에서 모두 조기 탈락하며 실망스러운 모습을 보였지만, 그래도 리그에서는 4위를 확보하며 직후 시즌 챔피언스리그에 진출할 수 있는 자격을 갖추었다. 울리에 감독은 리버풀과의 작별사에서 다음과 같이 말했다.

> 리버풀은 앞으로도 나의 가슴 속에 남을 것이다. 리그에서도, 그리고 그들이 마땅히 있어야 할 챔피언스리그에서도 리버풀의 미래에 행운이 있길 빈다.

울리에 감독은 앞서 소개한 대로 심장병으로 인해 5개월간 공백을 갖기 전과 후가 극명하게 다른 평가를 받는 감독이다. 현지의 리버풀 팬들 사이에서도 그에 대한 평가는 크게 갈린다.

그러나 울리에 감독은 몇몇 선수들의 영입 건에서 실수를 범하기도 했지만, 리버풀의 역사에 있어서 결코 과소 평가되어서는 안 되는 감독이다. 비단 2000/2001시즌의 트레블뿐 아니라, 그는 프리미어리그가 유럽 대륙의 영향을 받아 개혁을 맞이하고 있는 시점에 아스널의 아르센 벵거 감독과 함께 가장 혁신적인 모습을 보여 주며 리버풀을 다음 단계로 나아갈 수 있도록 이끌었던 감독이었다.

프리미어리그의 역사를 전술적으로 풀어 쓴 『더 믹서』의 저자 마이클 콕스는 그의 책에서 울리에 감독이 그의 후임인 베니테즈 감독에게도 긍정적인 영향을 줬다고 평가했다.

> 베니테즈 감독이 지휘봉을 잡은 리버풀도 비슷한 성향을 보여 줬다. 전임 제라르 울리에 감독은 무엇보다 팀이 양 옆으로 좁은 진영을 구축하는 게 중요하다며 때로는 측면 수비수 대신에 중앙 미드필더를 중용하거나 중앙 수비수 네 명으로 수비 라인을 구성하기도 했는데, 이러한 팀을 물려받은 건 베니테즈 감독에게 행운이었다.

그에 대해 리버풀 팬들이 운영하는 뉴스 웹사이트 〈This is Anfiled〉도 다음과 같이 평가했다.

> 울리에가 당시 리버풀을 모던한 팀으로 바꾸는 데 기여한 바는 과소평가되어서는 안 된다.

78 | 2004년 베니테즈 감독 부임

2004년 6월 16일, 프랑스 출신의 울리에 감독과 작별한 리버풀은 이번에는 스페인 출신으로 당시 발렌시아를 이끌고 레알 마드리드, 바르셀로나와 견줄 만한 성적을 보여 주고 있던 감독에게 눈길을 돌렸다.

발렌시아 역사상 31년 만의 리그 우승이었던 2001/2002시즌 우승에 이어 2003/2004시즌에는 라리가뿐 아니라 팀에 UEFA컵 우승까지 안겼던 주인공인 라파 베니테즈 감독이었다. 지금은 아주 흔해졌지만, 베티테즈 감독은 EPL 최초의 스페인 출신 감독이었다.

레알 마드리드 유소년 팀에서 축구를 시작했지만 1군 팀에서 뛸 기회를 잡지 못했던 베니테즈 감독은 부상으로 일찍 선수 생활을 정리하고 젊은 나이부터 지도자 생활을 시작했다. 1993년 레알 마드리드 B팀을 맡으면서 감독으로서의 커리어를 시작한 그는 이후 레알 바야돌리드, 오사수나, 테네리페 등에서 좋은 지도력을 인정받은 후 발렌시아에서 인생의 전환점을 만들었다.

발렌시아를 지휘하던 시기, 챔피언스리그에서 적장으로서 리버풀을 상대해 두 차례 경기에서 모두 무실점 승리를 거두기도 했던 베니테즈 감독은 부임 후 가진 첫 기자 회견에서 통역사를 기용해 스페인어로 기자 회견을 갖는 대신 조금 서툴지만 강한 어조의 영어로 다음과 같이 말했다.

> 나의 목적은 단순하고 분명하다. 최대한 많은 경기에서 이기는 것이다. 나는 리버풀의 역사를 잘 알고 있으며 리버풀 서포터들은 그들의 감독, 선수들, 그리고 클럽에 대해 자부심을 가질 자격이 있다.

베니테즈 감독은 스페인 출신답게 스페인 라리가에서 활약하던 선수들을 대거 영입하며 새 시즌을 시작했는데, 이후 리버풀 팬들의 많은

라파 베니테즈

사랑을 받게 되는 미드필더 사비 알론소, 루이스 가르시아가 모두 베니테즈 감독이 영입한 대표적인 선수들이었다.

베니테즈 감독 체제에서 리버풀이 가진 첫 경기는 오스트리아 그라제르 AK와의 챔피언스리그 본선 플레이오프 원정경기였다. 이 경기에서 리버풀은 2-0 승리를 거뒀는데, 베니테즈 감독 부임 후 첫 경기에서 두 골을 홀로 터뜨리며 승리를 안긴 선수는 다름 아닌 제라드였다.

79 | 2004/2005시즌, 리그컵 결승전과 올림피아코스전의 'Oh, you beauty!'

스페인 라리가와 UEFA컵 우승자로서 EPL에서의 감독 생활을 시작한 베니테즈 감독이었지만 그의 첫 시즌은 결코 순탄치만은 않았다.

리그에서 가진 첫 7경기 만에 맨유, 첼시, 볼튼에 패하며 3패를 당한 베니테즈 감독의 리버풀은 9월 28일 열린 챔피언스리그 조별리그 올림피아코스 원정에서 의외의 0-1 패배를 당한 뒤 데포르티보와의 다음 경기에서도 0-0 무승부에 그치며 조별리그에서 탈락할 위기에 몰렸다. 이대로는 이른 시기부터 베니테즈 감독의 리더십이 의심을 받을 수 있는 상황이었다.

그 어떤 클럽의 어떤 시즌보다도 극적이었던 리버풀의 2004/2005 시즌, 그 반전의 시작은 올림피아코스를 홈으로 불러들여 가진 챔피언스리그 조별리그 6차전 경기에서 펼쳐졌다. 이 경기를 앞두고 조 3위로 처져 있던 리버풀은 조 2위였던 올림피아코스에 반드시 승리하고 골득실 차이까지 계산해야만 16강행을 확정 지을 수 있는 상황이었다.

그러나 설상가상으로 리버풀은 올림피아코스에서 뛰고 있던 브라질의 위대한 미드필더 히바우두에게 프리킥 선제골을 허용하며 0-1로 끌려가게 됐다. 이제 리버풀의 16강행을 위해서는 반드시 3골이 필요했다.

양팀의 전반전이 0-1로 끝난 후 베니테즈 감독은 지미 트라오레를 빼고 그 대신 시나마 퐁골을 투입시켰다. 그리고 퐁골은 투입 직후인 후반 2분, 해리 키웰의 완벽한 크로스를 골로 성공시키며 반전 드라마의 서막을 올렸다.

아직 두 골이 더 필요한 리버풀이 더 이상의 추격골을 기록하지 못하고 있던 후반 32분, 베니테즈 감독은 공격수 밀란 바로스를 빼고 닐 멜러를 투입시켰다. 그리고 멜러는 앞서 퐁골이 그랬듯 투입된 직후 골을 터뜨리며 경기의 스코어를 2-1로 바꿔 놓았다. 이 골은 분명 리버풀

팀을 챔피언스리그 토너먼트로 인도한 제라드의 극적인 역전골 세리머니

유소년 팀 출신 공격수인 멜러의 커리어에서 최고의 순간 중 하나였으나, 그는 그뿐 아니라 잠시 후 전설적인 골 장면에 또 한 번 기여하게 되었다.

대망의 후반 41분, 제이미 캐러거가 올림피아코스 좌측면에서 전방을 향해 크로스를 올렸고, 앞서 골을 터뜨린 멜러가 이 크로스를 방향만 살짝 바꿔서 이미 자신에게 볼을 달라며 손을 들고 있던 제라드의 방향으로 정확하게 이어 줬다. 자신의 앞으로 볼이 다가오는 것을 확인한 제라드는 몇 걸음 종종걸음을 한 뒤 오른발로 대포알 같은 슈팅을 쏘아 올렸고 그의 슈팅은 어떤 골키퍼도 막을 수 없을 정도로 강력하고 빠른 속도로 골문 안으로 빨려 들어갔다.

그 순간 나온 영국 중계진의 당시 코멘트는 지금까지도 챔피언스리그, 리버풀, 혹은 제라드의 활약을 상징적으로 보여 주는 최고의 코멘터리로 남아 있다. 참고로 그 유명한 당시 코멘터리의 주인공은 과거 아스톤 빌라, 울버햄튼, 그리고 에버턴 등에서 공격수로 뛴 경력이 있는 앤디 그레이였다.

Oh, you beauty! What a hit son. What a hit!

이 유명한 경기 이후에도 2004/2005시즌 리버풀의 '드라마'는 계속해서 이어졌다. 특히 베니테즈 감독의 리버풀은 같은 시즌 첼시 지휘봉을 잡은 무리뉴 감독의 첼시와 계속해서 격돌하며 그때마다 많은 이야깃거리를 만들어 냈다.

양팀은 2005년 2월 27일 리그컵 결승전에서 우승컵을 두고 격돌했다. 올림피아코스전 이후 토너먼트 대회에서 특히 자신감을 갖게 된 리버풀은 전반 1분 만에 나온 리세의 골로 앞서 나갔으나, 후반 34분 제라드의 자책골이 나오면서 결국 연장전까지 이어진 승부 끝에 2-3 패배를 당하고 말았다. 이미 리버풀 팬들의 절대적인 사랑을 받던 제라드를 비판하는 팬들은 거의 없었으나, 불과 몇 개월 전 올림피아코스전 골로 팀의 영웅이 됐던 제라드로서는 팀이 리그컵 우승을 놓치는 데 가장 큰 원인을 제공한 선수가 되어 버린 셈이었다.

양팀은 그로부터 2개월 후인 4월 27일 챔피언스리그 결승전 진출팀을 가리기 위한 4강전에서 또 다시 격돌했다. 특히 이 대결은 베니테즈 감독과 무리뉴 감독 두 명장이 각각 직전 시즌의 UEFA컵, 챔피언스리그 우승을 이끈 감독이었다는 점에서 더더욱 자존심 대결이 치열했던 경기였다.

스탬포드 브릿지에서 열린 1차전 경기에서 0-0으로 팽팽했던 양팀의 승부는 2차전에서 지금까지도 '유령 골'이라고 불리는 유명한 골에 의해 갈렸다. 루이스 가르시아가 시도한 슈팅이 골라인을 넘어갔는지 불분명한 시점에 첼시 수비수 윌리엄 갈라스가 발을 뻗어 걷어 냈던 공을 주심이 골로 인정하면서 그대로 그 골이 결승골이 되었기 때문이다.

그 판정이 옳았는지 아닌지에 대해 무리뉴 감독은 다음과 같이 말했다.

> 그 골은 달(Moon)에서 온 골이었다. (중략) 어쩌면 부심이 골을 넣었는지도 모르겠다.

무리뉴 감독의 불만 외에도 많은 언론에서 그 골이 정말 득점이 맞는지에 대한 이야기가 오고 갔지만 그 골을 뒤에서 지켜본 제라드는 다음과 같이 말했다.

> 그 장면을 아주 많이 돌려봤지만 솔직히 지금도 그것이 골이었는지 아닌지 알 수 없다. 그러나 분명한 것은 만약 그 장면이 골로 선언되지 않았다면 우리는 (첼시 골키퍼 체흐가 리버풀 공격수 바로스와 충돌한 장면에 대해)페널티킥을 얻었을 것이고, 그러면 우리는 상대 골키퍼가 퇴장 당한 상태에서 1-0으로 앞서 나갔을 것이라는 점이다.

80 2005년 5월
이스탄불의 기적

2005년 5월 25일 터키 이스탄불. 그렇게 많은 우여곡절 끝에 챔피언스리그 결승전에 진출한 리버풀은 당시 유럽 최고의 전력을 자랑했던 AC 밀란과 맞붙게 됐다.

당시 AC 밀란은 각각 당대 유럽과 남미 최고의 공격수였던 셰브첸코와 크레스포가 최전방을 맡고 중원에서 카카, 시도르프, 가투소, 피를로, 그리고 최고의 수비진 말디니, 네스타, 스탐, 카푸가 선발 출전했다. 이 결승전 2년 전에 이미 챔피언스리그 우승을 차지한 적이 있었던 AC 밀란은 전력상에서 훨씬 앞서 있다는 평가를 받았고, 실제로 경기가 시작되자마자 그 평가가 헛된 것이 아님을 증명했다.

밀란은 전반 시작과 거의 동시에 카카의 돌파 장면에서 얻어 낸 프리킥 기회에서 피를로의 프리킥을 주장 말디니가 발리슛으로 성공시키며 1-0으로 앞서나가기 시작했다. 리버풀의 입장에서는 경기가 시작되자마자 최강의 상대에게 리드를 안겨 주고 경기를 시작한 셈이었다.

이어진 경기에서 리버풀 역시 리세와 히피아가 상대 골문을 위협하는 슈팅을 날리는 등 반격에 나섰지만 전반 종료를 얼마 남기지 않은 상황에서 재앙과도 같은 상황이 발생했다. 전반 39분, 셰브첸코의 패스를 이어받은 크레스포가 침착하게 골을 성공시키며 0-2가 되었고, 전반 44분에는 카카의 완벽한 스루패스를 또 한 번 크레스포가 결정 지으며 0-3이 된 것이었다.

전반전 스코어 0-3. 밀란의 수비진은 역대 최고의 라인업으로 평가

2005년 5월 25일 챔피언스리그 결승전 리버풀 선발 스쿼드

받는 말디니, 스탐, 네스타, 카푸였다. 설상가상으로 리버풀이 공격적으로 나갔다가는 셰브첸코와 크레스포가 언제든 골을 터뜨릴 준비를 하고 있는 상황이었다. 이 시점에 이미 리버풀의 승리를 믿는 사람은, 그 경기에서 뛴 선수들을 포함해 거의 없었다.

이어진 하프타임. 이미 올림피아코스전에서 천재적인 용병술로 세 골을 만들어 내며 결과를 뒤집었던 베니테즈 감독은 피넌을 빼고 하만을 투입하며 3백 포메이션으로 전형을 변경했다. 하만과 스미체르가 수비적인 역할을 맡으면서 제라드에게 좀 더 공격적인 자유를 부여하는 선택을 했던 것이다.

베니테즈 감독의 그런 선택은 또 한 번의 반전을 만들어 내기 시작했다. 전반전에 비해 좀 더 자유롭게 공격에 가담하던 제라드가 후반 9분에 리세의 크로스를 이어받아 완벽한 헤딩 슈팅으로 추격골을 터뜨린 것이었다. 제라드는 골을 기록한 직후 크게 손을 흔들며 팬들에게 포기하지 말고 응원해 달라는 제스쳐를 보냈고 이미 0-3으로 뒤진 시점에도 리버풀을 열광적으로 응원하던 팬들은 그들의 '캡틴'의 모습에 더욱 용기를 얻어 목소리를 높이기 시작했다.

그리고 그로부터 불과 2분 후, 이스탄불의 분위기를 급격하게 바꿀 또 하나의 골이 터졌다. 이 경기에서 전반전에 교체 투입됐던 스미체르가 후반전 시작과 동시에 투입된 하만으로부터 볼을 이어받은 후 시도한 중거리 슈팅이 그대로 디다가 지키고 있던 밀란 골문 안으로 들어간 것이었다. 이 시점에 리버풀 선수들은 이미 완벽하게 '할 수 있다'는 자신감을 되찾은 상태였고, 거꾸로 밀란은 '뭔가 잘못됐다'는 것을 느끼기

추격의 발판을 마련하는 골을 넣은 후 팬과 선수들을 독려하는 캡틴

시작했지만 최고의 수비진을 가진 그들조차 리버풀의 압도적인 기세를 통제할 수 없었다.

다시 4분 후, 리버풀의 기세에 당황한 밀란의 미드필더 가투소가 페널티박스 안에서 제라드를 손으로 저지하려던 상황에서 페널티킥이 발생했고 사비 알론소가 그 페널티킥을 처리할 키커로 나섰다. 상대 골키퍼 디다는 2년 전 유벤투스와의 결승전 승부차기에서 부폰이 지킨 유벤투스를 상대로 승리를 이끌어 냈을 정도로 페널티킥 선방에 일가견이 있었다. 그는 알론소가 시도한 페널티킥의 방향 역시 정확히 예측하고 막아 냈다.

그러나 리버풀의 운명은 거기서 끝이 아니었다. 페널티킥을 찬 후로도 집중력을 잃지 않았던 알론소가 재빠르게 달려나가 디다가 볼을 완

이날 결승전에서 크게 운명이 갈린 두 팀의 대표 선수 제라드와 셰브첸코

전히 잡기 직전에 다시 한번 그 볼을 골문 안으로 밀어 넣으며 기어코 3-3 동점을 완성시킨 것이었다.

3-0으로 앞서던 경기를 3-3까지 추격당한 밀란은 그 후로 다시 한 번 매서운 공세를 펼치기 시작했다. 특히 누구보다 날카로웠던 것은 이 경기에서 몇 차례 골과 다름없는 슈팅을 시도했으나 연거푸 상대의 선방과 수비진에 막히던 셰브첸코였다. 그는 3-3이 된 후 상대 골키퍼 두덱이 막을 수 없는 사각으로 슈팅을 시도했으나 이번에는 지미 트라오레가 그의 슈팅을 걷어 내며 3-3의 균형을 지켰다. 이후에는 크레스포가 문전 앞의 카카에게 내준 패스를 캐러거가 필사적인 태클로 막아 내며 또 한 번 실점 위기를 모면하기도 했다.

밀란의 마지막 승부차기를 막아 내는 두덱

이어진 연장전에서는 챔피언스리그 역사상 최고의 선방 1위에 뽑힌 바 있는 두덱의 '더블 세이브'가 나왔다. 세르징요의 크로스를 이어받아 셰브첸코가 문전 바로 앞에서 시도한 두 번의 슈팅을 두덱이 연거푸 막아 내며 또 한 번 실점 위기를 막았던 것이다. 이 시점에 이미 두덱은 완전히 자신감을 얻었고, 셰브첸코는 초조해 하기 시작했다.

결국 양팀의 승부는 승부차기로 이어졌다. 3-3의 상태에서 더 이상의 추가 실점을 하지 않고 이 승부를 계속 이어 가는 데 가장 큰 공헌을 했던 두덱은 밀란 키커들이 슈팅을 시도하기 전에 몸을 크게 흔들며 마치 춤을 추는 듯한 동작을 선보였는데, 그것이 효과를 발휘한 것인지 밀란의 1, 2번 키커 세르징요와 피를로가 나란히 실축했다. 피를로는 이후 자신의 자서전에서 이날의 결승전 패배에 대한 충격을 자세히 토로하기도 했다.

그대로 리버풀의 승리로 이어지는 것 같던 승부차기는 밀란 골키퍼 디다가 리버풀의 세 번째 키커 리세의 슈팅을 막아 내면서 다시 한 번 누구의 승리도 장담할 수 없는 상황으로 흘러갔다. 그리고 밀란의 다섯 번째 키커 셰브첸코의 차례가 왔다. 그는 2년 전 유벤투스와의 결승전에서 밀란의 우승을 확정 짓는 바로 그 페널티킥을 성공시켰던 주인공이었다.

그러나 이 경기 내내 수많은 슈팅을 시도했음에도 번번히 두덱의 선방에 걸렸던 셰브첸코는 자신의 차례 직전부터 이미 불안한 기색을 보였고 두덱은 가운데로 향한 그의 슈팅을 막아 내며 '이스탄불의 기적'의 드라마를 완성시켰다.

81 | 두덱과 캐러거, 그리고 그로벨라
이스탄불의 기적 '비하인드 스토리'

유럽 축구 역사상 가장 드라마틱한 단판 승부로 영원히 기억에 남을 '이스탄불의 기적'은 그만큼 많은 이야기를 만들었고 지금까지도 널리 회자되고 있다.

리버풀의 우승이 확정된 직후, 경기장 위로 접근이 가능했던 영국의 한 방송국에서는 울먹이는 리버풀 선수들을 찾아가 그 순간의 소감을 물었는데, 캐러거와 제라드는 "0-3으로 전반전이 끝났을 때 이길 수 있다고 생각했는가"라는 질문에 모두 "No(아니오)"라고 대답했다. 두 사람은 모두 이날의 승리를 0-3으로 뒤지고 있을 때도 계속해서 응원을 보내 준 리버풀 팬들의 공으로 돌렸고, 특히 제라드는 인터뷰 당시 자신의 옆에 있던 베니테즈 감독의 전술 덕분이라며 감독을 치켜세우는 모습을 보여 줬다. 반대로 베니테즈 감독은 제라드를 비롯한 선수들과 팬의 덕분이라고 화답했다.

한편, 양팀의 승부차기가 시작되기 전, 캐러거가 골키퍼 두덱에게 한참 동안 무언가를 열심히 말하는 모습이 중계 화면에 잡히기도 했다. 두 사람은 과연 무슨 대화를 했을까? 그리고 그것이 리버풀의 우승에 영향을 미쳤을까?

두덱은 그 장면에 대해 다음과 같이 말했다.

> 승부차기가 시작되기 전 캐러거가 내게 다가와 "그로벨라를 떠올려 보라"고 말했다. 물론 나도 1984년 유로피언컵 결승전에서 그로벨라가 보여 줬던 모습(페널티킥 방어 시 흡사 춤을 추는 듯한 모습)을 잘 기억하고 있었다. 내가 오늘 페널티킥에 앞서 몸을 흔들었던 동작은 그로부터 영감을 얻었던 것이다.

이스탄불의 기적이 가능하기까지는 베니테즈 감독의 용병술, 제라드의 투혼을 포함한 많은 요소들이 작용했지만, 아마도 이 부분이야말로 리버풀이라는 구단의 '역사'가 팀의 우승에 가장 큰 도움을 준, 귀감이 될 만한 사례였을 것이다. 20년 전 팀의 유로피언컵 우승을 이끌었던 팀의 '괴짜' 골키퍼를 기억한 캐러거와 두덱이 그 모습에서 영감을 받아 또 한 번의 우승을 이끌었던 것이다.

(맨 위부터)이스탄불 기적의 주역이었던 두덱,
그리고 그보다 앞서 리버풀에서 활약한 명수문장 클레멘스와 그로벨라

82 | 2005/2006시즌, 제라드와의 재계약과 '제라드 결승전' 우승

명실상부한 유럽 챔피언이 된 리버풀은 그 다음 시즌이었던 2005/2006시즌, 성공에 안주하지 않고 한 단계 더 나아가기 위해 많은 선수들을 영입하며 새 시즌을 시작했다.

이 시즌 리버풀에 입단하는 선수들 중에는 이후 두덱을 제치고 No.1 자리를 꿰차는 골키퍼 페페 레이나, 베테랑 미드필더 젠덴, 장신의 스트라이커 피터 크라우치 등이 있었다. 겨울 이적시장에서는 리버풀 팬들의 큰 사랑을 받았던 로비 파울러가 돌아왔고, 이후 리버풀 팬들에게 또 한 명의 '아이콘'이 되는 수비수 다니엘 아게르도 팀에 합류했다.

그러나 2005/2006시즌은 한마디로 말해서 '제라드의 시즌'이었다.

가장 먼저 이슈가 됐던 것은 제라드의 거취 문제였다. 2004년부터 이미 제라드에 큰 관심을 갖고 있던 첼시의 무리뉴 감독은 첼시를 리그에서만이 아닌 유럽 정상에 오를 팀으로 성장시킬 인재로 제라드를 낙점하고 그에게 적극적인 구애를 보냈다. 당시 한계가 없어 보일 정도로 막대한 자금을 활용해 원하는 선수들을 모두 영입하던 첼시는 잉글랜드 축구 역사상 최고 이적료였던 3,200만 파운드를 리버풀에 제안하며 제라드 영입에 총력을 다했다.

2005년 7월 초, 첼시에서 구체적인 제안을 건네고 첼시 외의 많은 클럽에서도 제라드에 관심을 보이면서 실제로 한때 제라드가 리버풀을 떠날 것처럼 보일 때도 있었다. 당시 리버풀의 사장이었던 릭 페리 역시 '제라드를 지키는 것이 불가능해졌다'는 뜻을 담은 성명서를 내기도 했다.

그러나, 제라드는 결국 마지막 순간에 리버풀에 남기로 결심했다. 이후 수차례 그가 직접 언급한 것처럼 "첼시로 가서 많은 우승 트로피를 드는 것보다 리버풀에서 하나의 우승을 차지하는 것이 더 값지다"라고 여겼기 때문이다.

결국 그렇게 리버풀에 남은 제라드는 이 시즌 최고의 활약을 펼치며 리그에서도, 모든 대회에서도 팀 내 최다 득점자가 되었다. 제라드의 맹활약 속에 리버풀은 리그를 3위로 마치고 FA컵에서도 맨유, 첼시를 차례로 꺾은 후 결승전에 진출해 웨스트햄과 맞붙게 되었다.

리버풀 대 웨스트햄의 맞대결로 펼쳐진 이 시즌의 FA컵 결승전은 흔히 '제라드 파이널'이라고 불린다. 이 경기에서 리버풀은 캐러거의 자책골로 웨스트햄에 뒤지기 시작해 후반전 막판까지 2-3으로 끌려가는 등 어려운 경기를 펼쳤지만, 혼자 2골 1어시스트를 기록하며 팀을 이끈 제라드의 맹활약 속에 결국 3-3 무승부로 승부차기에 돌입하게 되었다.

2005년 이스탄불의 주인공이 두덱이었다면, 2006년 웸블리에는 레이나가 있었다. 리버풀 입단 직후 두덱을 제치고 주전 골키퍼로 발돋움한 레이나는 승부차기에서 웨스트햄 네 명의 키커 중 세 명의 슈팅을 막아 내며 팀에 FA컵 우승 트로피를 안겨 주었다.

83 | 2006/2007시즌
새 구단주의 리버풀 인수와 베니테즈 감독과의 갈등

2005년의 챔피언스리그 우승, 2006년의 FA컵 우승과 리그 3위, 그리고 이미 팀의 핵심이었던 제라드의 재계약과 최고의 활약까지. 베니테즈 감독의 지휘 하에 리버풀의 모든 일이 순조롭게 흘러가는 것처럼 보였다. 그러나, 2006/2007시즌 중 발생한 하나의 사건으로 인해 리버풀은 한창 정상을 향해 가던 진로를 거꾸로 틀어 나락으로 빠져들게 되었다.

리버풀은 더르크 카윗, 아르벨로아, 벨라미 등을 영입하며 전력을 강화했고 웨스트햄전에서 크라우치와 아게르의 골로 승리를 거뒀지만, 이후 에버턴과 첼시에 당한 2연패를 시작으로 맨유, 아스널 등에도 패하며 삐걱거리는 모습을 보였다. 리그컵, FA컵에서도 아스널에 패하며 조기에 탈락했다. 반면, 리버풀은 챔피언스리그에서는 좋은 모습을 보여주며 다시 한 번 결승에 도전했다.

그러나 이 시즌 리버풀 최고의 화두는 경기장 위가 아닌 밖에서 펼쳐졌던 구단 인수에 관한 건이었다. 2007년 2월, 미국 사업가 톰 힉스와 조지 질레트가 약 2억 2천만 파운드에 리버풀을 인수하는 내용이 공식 발표되었다. 두 공동 구단주 중 특히 톰 힉스는 당시 미국 MLB 명문구단 텍사스 레인저스의 구단주이기도 했기에 리버풀 팬들은 그들이 클럽에 과감한 투자를 해줄 것을 기대하는 한편, 이미 미국 구단주가 인수한 후 문제를 겪고 있던 맨유의 전철을 밟게 되는 것은 아닌지 우려 섞인 시선으로 바라보기도 했다.

톰 힉스(좌측)와 조지 질레트(우측)

두 공동 구단주는 리버풀을 인수하면서 리버풀에 대대적인 투자와 함께 새 경기장을 지을 것을 약속했지만, 결론적으로 이후 그들은 어떤 약속도 지키지 않은 채 오히려 리버풀에 재정적으로도, 경기장 위의 성적 면에서도 부정적인 영향만을 남기게 되었다.

가장 심각했던 문제는 이미 리버풀에서 자신의 능력을 증명했던 베니테즈 감독과 새 구단주들의 대립이었다. 이는 특히 2007년 10월 미국 출신 두 구단주가 클린스만 감독에게 접근했다는 사실이 공개되면서 더욱 심화되기도 했다. 구단주와 감독의 갈등은 이후 갈수록 더욱 심각해져서 베니테즈 감독은 선수 영입에도 차질을 빚게 되었다.

새 구단주의 취임으로 인해 어수선했던 시즌 후반기, 리버풀은 그 와중에도 챔피언스리그에서 바르셀로나, PSV 아인트호벤, 첼시를 나란히 꺾고 결승전에 진출했다. 그들의 결승전 상대는 2005년 결승전의 복수를 노리는 AC 밀란. 리버풀은 카윗의 골을 포함해 분전했지만, 필리포 인자기가 두 골을 터뜨린 밀란에 1-2로 패하며 준우승에 그치고 말았다.

2006/2007시즌 챔피언스리그 결승전 패배 후 리버풀의 공동 구단주는 베니테즈 감독에게 이적료를 지원하겠다는 의사를 밝혔고 이후 실제로 토레스, 루카스, 바벨 등이 이 시즌 중 팀에 입단하면서 잠시나마 그들의 약속이 그대로 이행되는 모습이 보였다.

리버풀 팬들은 특히 당시 구단 최고 이적료였던 2,000만 파운드에 영입한 토레스에게 큰 기대를 걸었다. 토레스는 첼시전에서 골을 터뜨리는 등 첫 해부터 모든 대회를 통틀어 33골을 터뜨리는 맹활약 속에 즉각적으로 팬들의 기대에 부응하는 모습을 보였다. 특히 그는 이 시즌 중 안필드에서 열린 홈경기에서 8경기 연속골을 터뜨리며 로저 헌트가 갖고 있던 최다 홈경기 연속골 기록과 동률을 이뤘다.

리버풀은 9월 첫 경기였던 더비전에서 6-0 승리를 거두면서 리그 1위로 올라서며, 리버풀 팬들의 리그 우승에 대한 염원을 풀어 줄 수 있을 것처럼 보였으나 결국 맨유에 당한 2패를 포함해 38전 21승 13무 4패 승점 39점의 성적으로 4위로 시즌을 마무리했다.

다음 시즌이었던 2008/2009시즌, 가장 큰 비용을 들여서 영입한 로비 킨은 실패로 돌아갔지만, 그럼에도 불구하고 리버풀은 전 시즌보다도 더 리그 우승에 가까워진 모습을 보였다.

제라드-토레스로 이어지는 일명 '제-토' 라인은 최고의 활약을 펼쳤고, 그 뒤에는 사비 알론소, 마스체라노 등으로 이뤄진 단단한 미드필더들이 있었다. 결국 리버풀은 37경기에서 77골을 넣고 27골만 실점하

페르난도 토레스

며 골득실 +50으로 리그 1위를 기록했음에도 불구하고 승점 4점 차이로 아쉽게 2위에 그치고 말았다.

베니테즈 감독은 앞서 소개한 대로 2007년 새 구단주의 리버풀 인수 후 계속해서 내부적인 갈등을 겪는 와중에도 계속해서 리그 성적을 발전시키며 진일보하는 모습을 보여 줬으나, 이 시즌 승점 4점 차이로 우승을 놓친 것은 그에게나 리버풀 팬들에게나 큰 아쉬움으로 남았다.

85 | 2009/2010시즌, 알론소의 이적과 **베니테즈 감독의 마지막 시즌**

그리고 이어진 2009/2010시즌은 오래 지속된 구단주와 감독 간의 갈등이 최고조로 달했던 시기였다. 이를 상징적으로 보여 준 일이 바로 사비 알론소의 이적이었다.

한 시즌 전인 2008/2009시즌부터 이미 베니테즈 감독은 잉글랜드 대표팀 미드필더 가레스 베리의 영입을 원했다. 그러나 당시 영국 언론은 리버풀 구단주들이 베리가 아닌 로비 킨의 영입을 원했고 그렇게 해서 킨이 리버풀에 입단했다고 보도했다. 결국 감독이 아닌 구단주가 원해서 데려온 킨은 반년 만에 다시 원소속팀 토트넘으로 돌아갔고 베리는 리버풀에 입단하지 않았다.

한편, 베니테즈 감독이 베리 영입에 적극적이었던 모습은 같은 포지션을 소화할 수 있는 알론소에게는 부정적으로 작용했다. 결국 이미 유럽 내 최고의 미드필더 중 한 명으로 인정받던 알론소는 다음 시즌 3,000만 파운드의 이적료에 레알 마드리드로 입단했다. 그는 이적 후 언론과의 공식 인터뷰에서 베니테즈 감독의 베리 영입 추진이 그가 마드리드로 떠난 결심을 하게 된 계기였다고 밝혔다.

알론소가 팀을 떠난 것은 당시 리버풀의 선수단은 물론 팬들에게도 지지를 받지 못하는 결정이었다. 게다가 알론소의 대체자로 베리를 영입하지 못한 리버풀이 대신 데려온 알베르토 아퀼라니는 부상으로 인해 기대 이하의 모습을 보여 주며 더더욱 알론소의 부재를 크게 만들었다.

그렇게 시작된 시즌, 리버풀은 첫 3경기에서 2패를 당한 것을 시작으로 리그에서 22년 만에 최악의 스타트를 보였다. 게다가 리버풀은 베니테즈 감독의 지휘 아래 강세를 보였던 챔피언스리그에서도 조 3위에 그치며 팬들을 실망시켰다.

결국 이 시즌은 베니테즈 감독이 리버풀에서 보낸 마지막 시즌이 되었다. 리버풀 부임 첫해부터 팀에 챔피언스리그 우승을 안겼던 감독에게는 아쉬운 뒷모습이었다. 베니테즈 감독은 팀을 떠나는 것이 발표된 직후 기자 회견에서 다음과 같이 말했다.

> 리버풀에서 보낸 좋은 시간과 힘든 시간에 리버풀 팬들로부터 받은 사랑과 서포팅을 늘 가슴 속에 품고 살 것이다. 내가 리버풀 감독이었다는 것이 자랑스럽다. 모든 것에 고맙다. 그리고 늘 잊지 말라. 여러분은 결코 혼자 걷지 않을 것이다(You will never walk alone).

베니테즈 감독은 리버풀 팬들로부터 사랑과 지지를 받았던 동시에 그 역시 리버풀의 전통과 역사를 아주 존중했던 인물이었다. 그는 특히 리버풀을 떠나기 직전 힐스보로 유가족을 위한 재단에 96,000파운드의 기부금을 전달하는 등의 모습으로 팬들에게 감동을 안기기도 한다. 그는 이후 뉴캐슬의 감독이 되며 EPL로 돌아온 후에도 계속해서 힐스보로 참사 희생자들에게 추모의 뜻을 밝히는 등 리버풀과의 관계를 이어오고 있다.

86 | 2010년 7월 호지슨 감독 부임과 NESV의 리버풀 인수

베니테즈 감독이 떠난 후 리버풀은 이전까지 풀럼을 이끌고 UEFA컵 결승전까지 진출했던 로이 호지슨 감독을 새 사령탑에 임명했다. 호지슨 감독의 능력에 대해 의구심을 품는 팬들이 있었던 것도 사실이지만, 당시 호지슨 감독은 직전 시즌 리그 감독 협회가 선정한 올해의 감독상을 수상하며 좋은 역량을 보여 주고 있었다.

호지슨 감독을 임명하기 전후로, 리버풀 구단은 다른 두 명의 감독과 연결이 됐는데 그 중 한 명은 리버풀의 '킹'이자 선수로서도 감독으로서도 우승을 경험했던 케니 달글리쉬 전 감독이었다. 리버풀 측은 왜 그때 바로 달글리쉬 감독을 임명하지 않았는지에 대해서는 공식적으로 밝히지 않았지만, 당시 구단을 매각해야 하는 입장에 있었던 리버풀로서는 감독직을 오랫동안 수행하지 않은 달글리쉬보다 그 시기에 좋은 지도력을 보여 주고 있던 호지슨 감독을 좀 더 안전한 선택지로 여겼다는 것이 정설이다.

또 한 사람, 리버풀에서 먼저 감독직을 제안했던 것은 당시 마르세이유를 이끌고 있었고 최근 2018 러시아 월드컵에서 프랑스를 우승으로 이끈 디디에 데샹 감독이었다. 그러나 데샹 감독은 리버풀의 제안을 거절했고, 그 후 차선책으로 호지슨 감독이 리버풀 감독으로 부임하게 된 것이었다.

감독의 변화 외에도, 이 시즌은 리버풀의 아주 많은 부분이 달라졌던 시즌이었다. 18시즌 동안 리버풀의 유니폼에 이름을 새겼던 메인 스폰서 '칼스버그' 대신 현재의 '스탠다드 차타드' 은행으로 스폰서가 변경된 것 역시 이 시즌부터였다.

그러나 호지슨 감독의 부임을 신통치 않게 여겼던 팬들의 우려는 매우 빠르게 현실이 되었다. 리버풀은 9월 23일에 열린 리그컵 경기에서 4

로이 호지슨

부 리그 팀 노스햄튼 타운에 승부차기 끝에 패하며 굴욕적인 결과를 안게 되었다. 리그에서도 불안한 모습은 마찬가지여서 이미 10월부터 호지슨 감독의 입지가 위험하다는 보도가 이어졌다. 10월 말, 블랙번, 볼튼, 첼시에 3연승을 거두며 급한 불을 끄는 것 같았지만 11월과 12월 사이 스토크, 토트넘, 뉴캐슬, 리버풀에 패하며 결국 호지슨 감독은 2011년 1월에 팀을 떠나게 되었다.

호지슨 감독의 리버풀이 어수선한 모습을 보여 주는 사이 클럽 이면에서는 리버풀에게 악몽과도 같았던 공동 구단주가 클럽을 떠났다. 그리고 보스턴 레드삭스를 보유하고 있는 NESV(현재의 펜웨이 스포츠 그룹)이 리버풀을 인수하게 되었다. NESV를 이끈 존 헨리 구단주는 경영인 출신으로, 그가 보스턴 레드삭스를 인수한 후 86년 만에 팀에 월드 시리즈 우승을 안기는 등 그 능력을 인정받고 있었다.

존 헨리

존 헨리 새 구단주는 같은 미국 출신이었지만, 이전의 공동 구단주와는 다른 합리적인 모습으로 차츰 리버풀의 운영을 정상화하기 시작했다. 그러나 지난 몇 년 동안 쌓였던 문제가 단숨에 해결된 것은 아니었다.

2011년 1월, 호지슨 감독이 시즌 중 감독직을 내려놓은 그 자리에 리버풀은 리버풀 선수단과 팬들의 절대적인 지지를 받는 인물인 '킹' 달글리쉬를 임시 감독으로 임명하며 어지러운 분위기를 바로잡기 위해 노력했고 달글리쉬 감독은 첼시행을 원했던 토레스를 5,000만 파운드에 내보내는 대신 그 비용으로 두 명의 공격수를 영입했다.

그 중 한 선수는 이후 리버풀에서 토레스보다도 더 뛰어난 활약을 보이며 사랑받는 공격수가 되고, 다른 한 선수는 리버풀 구단 역사상 최악의 영입으로 손꼽히는 선수가 된다. 각각 루이스 수아레스, 앤디 캐롤이 그 주인공이었다.

새 구단주, 새 감독, 새 공격수들을 맞이한 리버풀은 그 후 전반기에 비해 점점 더 나아지는 모습을 선보이며 결국 리그를 6위로 마무리, 혼란스러웠던 한 시즌의 마침표를 찍었다. 이 시즌 말미였던 5월, 리버풀과 달글리쉬는 임시감독 체제를 벗어나 3년 계약을 체결하며 정식으로 달글리쉬 체제에 돌입하게 된다.

87 | 2011/2012시즌, 리그컵 우승 그리고 리그 8위의 아픔

달글리쉬 감독이 정식 감독으로 시즌 시작부터 팀을 이끌었던 2011/2012시즌, 리버풀은 이적시장에서 전 시즌 겨울 이적시장과 유사한 모습을 보였다. 아주 성공적인 영입도, 아주 실패한 영입도 공존했던 것이다.

이 시기 리버풀에 입단한 조던 헨더슨은 이후 팀의 주장으로 성장하게 되지만, 비슷한 시기 영입했던 스튜어트 다우닝은 리버풀의 입장에서 결코 성공적인 영입이라고 말할 수 없었다. 오히려 다우닝보다 적은 이적료를 지불하고 영입했던 또 다른 미드필더 찰리 아담이 그보다 더 나은 활약을 보여 줬다.

선수 개개인의 영입을 떠나서, 2011/2012시즌은 리버풀에게 있어 또 한 번의 '롤러코스터'와도 같은 시즌이었다. 구단 역사상 최고의 레전드인 달글리쉬 감독의 지휘 아래 리버풀은 6년 만에 컵 대회 우승 트로피를 들어올렸지만, 다른 한편으로는 1992년 EPL 출범 이래 최악의 리그 성적인 8위로 시즌을 마무리했다. 이 시즌 그들의 승점 52점은 샹클리 감독이 부임하기도 전인 1953/1954시즌 이래 가장 낮은 승점이었다.

6년의 무관 행진을 끝낸 리그컵 우승 세리머니

시즌 중에는 리버풀의 경기력에 직격타가 된 일이 발생하기도 했다. 수아레스가 맨유 수비수 에브라와의 설전 끝에 건넨 말('negro'라는 말로, 수아레스는 이 단어가 남미에서는 인종차별적 발언이 아닌 친근하게 사용하는 표현이라고 해명했지만 받아들여지지 않았다)로 인해 8경기 출장 정지를 당한 것이었다. 달글리쉬 감독은 수아레스의 말 그대로 '문화 차이'였을 뿐이라며 자신의 선수를 감싸는 모습을 보여 줬으나 그 역시 그로 인해 많은 비판을 받았다.

2007년 구단주의 교체 이후로 늘 그랬던 것처럼 어수선한 분위기 속에서 리그가 진행되는 중에도 리버풀은 리그컵과 FA컵에서 결승전에 진출했다. 2월에 열린 리그컵 결승전에서 리버풀은 스크르텔과 카윗의 골로 카디프 시티와 연장전까지 가는 경기 끝에 2-2 무승부를 이룬 후 승부차기에서 승리를 거두며, 6년 동안 이어졌던 무관 행진을 끊어 내고 우승을 차지했다.

5월에 열린 첼시와의 FA컵 결승전은 이미 리그에서 최악의 성적을 거둔 리버풀로서 반드시 승리할 필요가 있었던 경기였다. 그러나 리버풀은 하미레스와 드록바에게 골을 내주며 끌려갔고, 캐롤이 추격골을 터뜨렸으나 경기 결과를 뒤집는 데는 실패했다.

이 시점에 리버풀에는 끝없이 하락세를 타는 클럽의 운명을 바꾸고 어수선한 분위기를 개혁하여 클럽을 새 방향으로 끌고 나갈 혁신적인 선장이 필요했다. 리버풀의 팬들은 그들이 가장 사랑하는 달글리쉬가 그 역할을 해주길 기대했으나, 리그 8위라는 성적은 이미 유럽에서 가장 경쟁적인 리그가 된 EPL에서 더 이상 기다리기가 불가능한 순위였다.

결국 리그컵 우승과 FA컵 결승전 진출이라는 성과에도 불구하고 달글리쉬 감독은 감독직을 내려놓았고, 리버풀은 그 다음 시즌을 젊고 새로운 생각을 가진 감독과 함께 시작하게 된다.

88 | 2012년 6월
로저스 감독 부임과 리빌딩의 시작

2012년 6월 1일, 리버풀은 레딩, 왓포드에서 인상적인 능력을 보여준 후 맡은 스완지를 1부 리그로 승격시키고 또 EPL에서 매력적인 축구를 구사하는 팀으로 만들었던 북아일랜드 출신의 젊은 감독 브랜든 로저스 감독을 선임했다.

첼시 유소년 팀 코치 및 리저브 팀 감독을 맡았던 로저스 감독은 무

브랜든 로저스

리뉴 감독과의 인연으로도 널리 알려졌으나, 무리뉴 감독과는 또 다른 자기만의 스타일을 분명히 갖춘 감독이었다. 그가 리버풀에서 즉각적인 효과를 보인 것은 아니었으나, 그의 부임과 함께 리버풀의 하락세가 멈추고 리빌딩이 효과를 보기 시작했다.

로저스 감독은 부임 첫 시즌 조 앨런, 보리니를 시작으로 겨울 이적 시장에서 스터리지, 쿠티뉴 등을 영입하며 선수단을 강화했다. 이 중 특히 스터리지와 쿠티뉴는 이후 리버풀 공격진을 이끄는 선수들로 성장하게 된다.

로저스 감독은 부임 직후 가진 다섯 번의 리그 경기에서 2무 3패를 기록하며 불안한 출발을 보였다. 그러나 리버풀이 그에게 건 기대는 결코 헛된 것은 아니었다. 로저스는 이후 점점 안정되는 모습을 보여 주며 특히 3월 말부터 5월까지는 단 한 번의 리그 경기도 패하지 않으며 그 다음 시즌의 전망을 밝혔다.

그는 시즌 중 부임 후 아직 십대 유망주였던 라힘 스털링에 많은 기회를 주고 스터리지를 적극적으로 활용하는 등 팀 전체적인 변화를 꾀하는 한편, 기존 선수들 중 핵심이었던 제라드와 수아레스에게는 변함없는 신뢰를 보냈다. 이런 분위기 속에 수아레스는 이 시즌 총 40경기에 출전, 30골 10어시스트를 기록하는 최고의 활약을 펼쳤고, 제라드 역시 42경기 10골 12어시스트를 기록하는 중에 기복 없이 꾸준한 모습을 보이며 주장으로서 팀을 이끌었다.

로저스 감독의 첫 시즌, 리버풀의 리그 성적표는 '7위'였으나 경기장 안팎으로는 분명히 긍정적인 요소들이 존재했다. 그리고 그 긍정적인 모습은 바로 뒤에 이어진 2013/2014시즌 경기장 위에서 분명하게 드러나게 된다.

89 | 2013/2014시즌, 리버풀이 리그 우승에 가장 가까웠던 시즌

2013/2014시즌은 1992년 EPL 출범 이후 리버풀이 그 어떤 시즌보다도 리그 우승에 가까웠던 시즌이었다. 실제로 그들은 시즌 종반 한때 사람들에게 '드디어 리버풀이 우승을 하는구나'라는 인상을 주기도 했다. 그러나 결정적인 순간에 그들이 가장 믿는 선수의 실책이 겹치며 리버풀의 우승을 향한 기다림은 또 한 번 뒤로 미뤄지게 되었다.

수아레스와 스터리지 듀오

이 시즌 리버풀의 가장 큰 강점은 단연 수아레스와 스터리지, 또 스털링 등의 완벽한 조화가 이뤄진 공격력이었다. 실제로 리버풀은 이 시즌 리그에서만 101골을 기록했는데, 이는 프리미어리그 역사상 준우승팀 중에서는 최다 골에 해당하는 기록이었다.

특히 스터리지는 수아레스가 직전 시즌 첼시전에서 수비수 이바노비치의 팔을 깨물며 당한 10경기 출전 정지로 인해 결장한 시즌 초반 3경기 연속 결승골을 터뜨리며 중요한 역할을 했다.

이 해 여름 아스널의 '4,000만 1파운드' 이적료 제안으로 한때 리버풀을 떠날 것처럼 보였으나 결국 팀에 남은 수아레스는 9월 말 그라운드로 돌아온 직후부터 다시 골 행진을 이어 가기 시작했다. 이후 수아레스와 스터리지는 과거 블랙번 시절 최고의 듀오 시어러와 서튼의 별명이었던 'SAS' 파트너의 재림으로 불리며 최고의 호흡을 선보였다.

수아레스와 스터리지의 활약에도 불구하고 리버풀은 12월 박싱데이 일정이었던 맨시티, 첼시전에서 2연패를 당하며 리그 우승이 이미 어려워진 것처럼 보였다. 그러나 그들의 드라마틱한 리그 우승 경쟁은 바로 그 다음 경기부터 시작되었다. 1월 1일 안필드에서 열린 헐시티전에서 수비수 아게르와 수아레스의 골로 거둔 2-0 승리를 시작으로 리버풀은 4월 20일 노리치전 3-2 승리까지 단 한 경기에서도 패하지 않았고, 이 기간 중 12연승을 달리며 자력으로 우승을 차지할 수 있는 상황까지 만들어 내게 되었다.

이 중, 이 시즌의 가장 강력한 우승 후보였던 맨시티와의 경기에서 3-2 승리를 거둔 후 주장 제라드가 선수들을 모두 한 자리에 모아 놓고 그들의 사기를 북돋은 뒤 홀로 눈물을 훔치는 모습은 전 세계 팬들에게 감동을 주기도 했다. 이 시점에 많은 중립 팬들조차 제라드와 리버풀이 드디어 리그 우승을 차지할 것이라고 생각했고, 또는 그렇게 되길 바랐다.

자력 우승의 기회가 열린 리버풀에게 꼭 넘어야 할 마지막 하나의 관문은 무리뉴 감독이 이끄는 첼시와의 경기였다. 첼시에서 경질된 후 인터 밀란, 레알 마드리드 등을 거쳐 다시 첼시로 돌아온 무리뉴 감독은 과거 중요한 순간마다 베니테즈 감독이 이끌었던 리버풀에 발목을 잡힌 경우가 많았다. 이제 리버풀이 리그 우승을 향해 순조롭게 나아가는 시점에 바로 그 무리뉴 감독의 첼시를 만나게 된 셈이었다.

결국 그런 분위기 속에 펼쳐진 리버풀 대 첼시전은 그 후로 오랫동

악몽 같은 실수 이후 고개 숙인 제라드

안 리버풀 팬들의 아쉬움으로 남았다. 또 한 명의 레전드에게는 평생 잊지 못할 아픔이 되기도 했다. 리버풀은 이 경기에서 무승부만 거둬도 우승 경쟁에 유리한 상황이었으나, 로저스 감독은 팀의 공격력에 자신이 있었고 평소대로 전술을 운용했다. 그 결정은 결국 경기 중 발생한 한 상황과 맞물리며 로저스 감독 본인의 커리어 역시 크게 뒤흔드는 결과를 낳게 되었다.

모두가 놀란 운명의 장난 같은 상황이 발생한 것은 전반전 추가시간이었다. 전반전 종료가 얼마 남지 않았던 시점, 좌측면에서 자신에게 이어진 패스를 받으려던 제라드가 순간적으로 미끄러졌고 그 볼이 그대로 전진해 있던 첼시 공격수 뎀바 바의 앞으로 흘렀다. 급히 다시 일어선 제라드를 포함한 리버풀 수비진은 필사적으로 바를 추격했으나 바는 빠른 움직임으로 리버풀 골문 앞까지 접근해 정확한 슈팅으로 미뇰레가 지키고 있던 리버풀 골문을 갈랐다. 리버풀 0 – 1 첼시.

이미 1-0으로 앞서 나가기 시작한 첼시는 여유를 갖고 경기를 풀어 나갔지만, 의외의 타격을 받은 리버풀은 필사적이었다. 누구보다 지키는 축구에 일가견이 있는 무리뉴 감독의 첼시는 견고했고 결국 리버풀은 후반 추가시간에 또 한 번의 실점을 내주며 0-2로 완패를 당하고 말았다.

이 경기의 패배는 리버풀의 우승 분위기를 크게 꺾어 놓았지만, 그렇다고 해서 아직 리버풀의 우승 가능성이 완전히 사라진 것 역시 아니었다. 그러나 다음 경기에서 리버풀이 크리스탈 팰리스에 3-0으로 앞서다가 3-3 동점을 허용하며 또 한 번 승점 2점을 잃은 것은 승점상으로도 심리적으로도 리버풀에 큰 타격이었다. 이 두 경기에서의 실망스러운 모습으로 인해 로저스 감독의 리더십 역시 큰 비판에 직면하게 되었다.

결국 리버풀은 최종전이었던 뉴캐슬전에서 아게르와 스터리지의 골로 2-1 승리를 거뒀음에도 이 시즌 최종 우승자였던 페예그리니 감독의 맨시티에 승점 2점이 뒤진 2위로 시즌을 마무리하게 되었다.

이 시즌의 마무리는, 시즌 초반 장기 징계로 인한 결장에도 불구하고 31골로 득점왕을 차지했던 수아레스가 리버풀에서 보낸 마지막 시즌이었다는 점, 또 이미 34세였던 제라드의 경기력이 눈에 띄는 하락세를 보이고 있었다는 점에서 기존의 멤버로 우승을 차지할 수 있었던 마지막 절호의 기회를 놓친 형국이 되었고, 언젠가 리버풀이 리그 우승을 다시 차지할 때까지 오랜 아쉬움으로 남게 될 것으로 보인다.

90 2014~2015년
제라드의 마지막 시즌과 로저스 감독의 경질

위기 뒤에 기회가 오고, 기회를 놓치면 다시 위기가 온다. 축구, 야구 등 종목을 가리지 않고 모든 스포츠에 통용되는 진리다. 2013/2014시즌 리그 우승을 위한 절호의 기회를 놓친 리버풀은 2014/2015시즌 극도로 어려운 분위기 가운데 시즌을 보냈다.

가장 큰 타격은 토레스의 공백이 전혀 느껴지지 않을 정도로 오히려 그 이상의 활약을 펼쳤던 수아레스가 바르셀로나로 떠난 것이었다. 리버풀은 그의 이적으로 벌어들인 이적료를 활용해 발로텔리, 램버트, 랄라나, 엠레 찬 등등의 선수들을 영입했다. 그들 중 일부는 이후 리버풀에서 뛰어난 모습을 보여 주기도 하지만 리버풀은 결국 수아레스만큼의 활약을 할 공격수를 찾는 데는 실패했다.

리버풀은 리그 1라운드 경기였던 사우스햄튼전에서 스털링, 스터리지의 골로 2-1 승리를 거두었지만 이후 맨시티, 리버풀, 웨스트햄에 패한 후 에버턴전에서 1-1 무승부를 거두며 6경기 동안 2승 1무 3패의 저조한 성적으로 새 시즌을 시작했다. 설상가상으로 11월에는 뉴캐슬, 첼시, 크리스탈 팰리스에 3연패를 당하고 12월에는 챔피언스리그 조별 리그에서도 3위를 기록하며 조별 리그 탈락을 당하게 되었다.

그런 가운데 2015년 1월 1일, 울리에, 베니테즈, 호지슨, 달글리쉬, 그리고 로저스 감독까지 이어지는 굴곡진 기간 주장으로서 리버풀을 지켜왔던 제라드가 이 시즌을 끝으로 팀을 떠나겠다는 사실을 공표하며 많은 팬들의 아쉬움을 샀다. 이후 3월까지 리버풀은 리그에서 무패 행진을 달리며 경기력을 되찾는 모습을 보였지만 제라드가 퇴장 당했던 3월 22일 맨유전에서의 1-2 패배를 시작으로 다시 하락세를 그리며 결국 6위로 시즌을 마감하게 되었다.

제라드가 리버풀에서 가진 마지막 경기는 스토크 시티 원정경기였다. 그의 위대한 유산과는 너무나 어울리지 않게도 이 경기에서 리버풀은 6골을 허용하며 1-6 대패를 당했다. 그래도 한 가지 위안은 리버풀의 한 골을 기록한 것이 다름 아닌 제라드였다는 점이었다.

그리고 이어진 2015/2016시즌, 로저스 감독의 입지가 위태로워지면서 그에 대한 지지와 비판이 공존하는 가운데 리버풀 보드진은 리버풀이 한 단계 더 발전하기 위해서는 다른 선장이 필요하다는 판단하에 시즌 초반이었던 10월 중대한 결단을 내렸다.

이제 막 경질된 로저스, 그리고 15년 이상 이어졌던 변혁의 시대를 주장으로서 지켜왔던 제라드의 이탈. 바야흐로 리버풀에 완전히 새로운 시대가 열리려 하고 있었다.

91 | 리버풀의 '심장' 제라드

빌 샹클리, 밥 페이슬리, 케니 달글리쉬, 스티븐 제라드.

리버풀이 구단 자체적으로 그들의 최고 '영웅들'로 소개하고 있는 네 명의 레전드 중 가장 최근에 활약했던 스티븐 제라드. 리버풀의 '심장'이라고도 불리는 제라드는 다른 세 명의 레전드보다 우승 경력은 부족할지

몰라도 그 누구보다도 사랑받고 존경받는 리버풀의 아이콘이었다.

제라드라는 선수가 리버풀 팬들뿐 아니라 전 세계 축구팬들에게 사랑받았던 첫 번째 이유는 물론 선수로서 만능에 가까웠던 그의 실력 때문이었다. 그는 188cm의 장신 미드필더로서 직접 골을 결정 짓는 능력, 패스, 헤딩 실력, 수비력 등 무엇 하나 부족한 것이 없었다. 중요한 순간마다 30m 혹은 그보다도 먼 거리에서 그가 보여 준 대포알 같은 중거리 슈팅으로 넣은 골은 그가 은퇴한 후 프리미어리그 전체에서 더 이상 보기가 힘들어졌다고 해도 과언이 아니다.

그러나 그의 진가는 그가 왜 그토록 리버풀 팬들로부터 사랑을 받았는지 리버풀 내부적인 요인을 찾아볼 때 더욱 잘 드러난다.

리버풀은 이 책에서 소개했듯 그 어떤 구단보다도 팀과 서포터, 팀 내부 멤버들 간의 '연대감'이 강력하고 또 그것을 중요하게 여기는 구단이다. '너는 결코 혼자 걷지 않으리'라는 가사를 담은 YNWA라는 응원가, 힐스보로 참사라는 엄청난 비극과 그 비극을 이겨 내기 위해 하나가 되어 노력해 온 세월 등이 모두 리버풀이라는 구단의 DNA 안에 녹아 있는 것이다.

힐스보로 참사의 가장 어린 희생자와 사촌 사이였던, 리버풀 유소년 팀에서 성장해 리버풀에서 선수 생활을 시작한 제라드는 이미 데뷔 시절부터 리버풀이라는 구단의 그런 DNA를 한 명의 선수 안에 그대로 구현한, 그래서 그들의 정신을 그라운드 위에서 빛나게 한 '화신'과도 같은 존재였다. 그런 그가 캡틴으로서 팀을 이끌었기에 리버풀이 만들어 낸 '이스탄불의 기적'이 가능했다고 말하더라도 이의를 제기할 수 있는 사람은 많지 않을 것이다. 제라드는 당시 우승의 공을 베니테즈 감독에게 돌렸지만, 베니테즈 감독은 반대로 제라드의 리더십 덕분이었다고 화답하기도 했다.

제라드가 리버풀의 다른 위대한 레전드들에 비해 더 사랑받는 또 다른 이유는 다른 레전드들, 특히 샹클리, 페이슬리, 달글리쉬 등이 모두 수많은 우승 기록으로 가득한 화려한 커리어를 보냈지만 제라드는 그렇지 못했기 때문이다. 첼시, 레알 마드리드 등 그를 원했던 다른 팀으로 떠났다면 훨씬 더 많은 우승을 차지할 수 있었음에도 불구하고 리버풀에 남아 리버풀이라는 한 클럽을 위해 충성을 다했다는 사실이 그를 단순한 레전드를 넘어 '영웅'으로 만든 것이다.

리버풀 역대 베스트 11을 선정할 때 종종 제라드와 함께 미드필더 파트너로 꼽히곤 하는 그레엄 수네스는 제라드에 대해 다음과 같이 말했다.

> 제라드는 더 높은 평가를 받아야 마땅하다. 나는 현역 시절 많은 우승을 차지한 위대한 팀과 함께 뛰었지만, 제라드에겐 그런 운이 없었다. 그러나 제라드는 리버풀의 전성기 속 그 어떤 팀에서도 중심 선수로 뛸 만한 선수다.

그리고 제라드와 함께 종종 '과연 누가 리버풀 역사상 최고의 선수였는가'라는 오랜 화두의 주인공으로 거론되는 달글리쉬는 다음과 같이 말했다.

리버풀에 공헌한 모든 사람들이 그에 걸맞은 인정을 받을 자격이 있다. 그러나 그 누구보다도 더 인정받아야 하는 사람이 있다면 그게 바로 제라드다.

L.F.C.
Standard
Chartered
14

CHAPTER 7.

2016년~

클롭과 포스트 제라드 시대

샹클리와 페이슬리. 리버풀을 떠나 축구 역사 전체를 밝게 비춘 위대한 두 명장을 차례로 겪으며 그 시기 유럽 최강의 팀으로 군림했던 리버풀. 이후 베니테즈 감독의 대에 또 한 차례 챔스 우승을 차지하지만, 어쩌면 리버풀은 리그에서도 유럽에서도 그들을 최고의 자리로 이끌 새로운 명장을 아직 만나지 못한 것인지도 모른다. 그리고 이제 리버풀은 '어쩌면' 그 주인공이 될 수도 있을 새로운 감독과 만난다. 위르겐 클롭 감독이 그 주인공이다.

Chapter7.

클롭과 포스트 제라드 시대

2016년~

92 | 2015년 10월 '노멀원' 클롭 감독 부임과 두 번의 결승전

로저스 감독이 시즌 중 팀을 떠난 후, 리버풀은 독일 분데스리가에서 도르트문트를 이끌고 한동안 뮌헨 독주 체제를 깨뜨리며 유럽 최고의 감독 중 한 명으로 떠오른 위르겐 클롭 감독을 팀의 새 감독으로 임명했다. 리버풀 부임 후 가진 첫 인터뷰에서 클롭 감독은 흡사 과거 첼시 부임 시 무리뉴 감독이 스스로를 '스페셜원'이라고 불렀던 장면을 연상시키는 모습으로 자기 자신을 '노멀원'이라고 부르며 그 순간부터 이미 리버풀 팬들의 호감을 사기 시작했다.

위르겐 클롭

클롭 감독의 리버풀 감독 데뷔전은 화이트 하트레인에서 열린 토트넘 원정경기였다. 압박을 중시하는 축구를 구사하는 두 감독의 대결은 0-0 무승부로 끝났다. 이후 클롭 감독의 리버풀은 두 경기에서 더 무승부에 그친 뒤에 첼시를 3-1로 꺾으며 리그에서 첫 승리를 거두었다.

로저스 감독이 경질될 당시 이미 리그 10위까지 처졌던 리버풀은 클롭 감독의 첫 시즌 리그에서는 8위에 머물며 큰 반전을 만들어 내지 못했다. 그러나 '헤비메탈 축구'라는 별명으로 불릴 만큼 자신의 화끈한 성격 그대로의 경기력을 리버풀에 이식한 클롭 감독의 리버풀은 컵 대회에서는 연거푸 명승부를 연출하며 새 감독의 첫 시즌부터 두 대회 결승전에 진출했다.

그 중 첫 번째 결승전은 2016년 2월 28일, 웸블리에서 열린 리그컵 결승전이었다. 이 결승전에서 리버풀은 맨시티에 선제골을 내주고도 쿠티뉴의 골로 동점을 만든 후 연장전에서도 승부를 가리지 못해 승부차기에 돌입했다. 그러나 리버풀은 승부차기 끝에 맨시티에 1-3 패배를 당했다.

이 시즌 리버풀의 리그컵 결승보다도 더 극적이었던 것은 유로파리그 결승에 오르기까지의 과정이었다.

16강에서 '천적' 맨유를 꺾고 8강에 진출한 리버풀은 클롭 감독의 친정팀인 도르트문트와 만나 1, 2차전 합산 스코어 5-4라는 열정적이고도 감정적인 명승부를 연출했다. 특히 2차전 경기에서 리버풀은 원정팀 도르트문트에 세 골을 내주었고, 그렇게 3-3 무승부로 경기를 끝냈다가는 원정다득점 원칙에 의해 탈락할 위기에 몰렸지만, 후반 종료 직전 터진 로브렌의 골로 4-3 승리를 거두며 4강행을 확정 지었다.

4강에서 비야레알을 제압하고 세비야와의 결승전에 진출한 리버풀은 전반전에 터진 스터리지의 선제골로 기선 제압에 성공했지만, 이후 세 골을 내리 실점하며 또 한 번의 결승전에서 패하여 준우승에 그친 아쉬움을 삼켜야 했다.

리그 8위, 컵 대회 우승 0회. 클롭이라는 카리스마 넘치는 감독을 야심 차게 영입했던 리버풀에게 있어 표면적인 성적표는 만족스럽지 않았을지 모르지만, 이 시즌 리버풀에겐 분명한 하나의 소득이 있었다. 열정적이고 적극적으로 선수들을 끌어안고 팬들과 소통하는 모습을 보여 준 클롭 감독이 리버풀 팬들의 마음을 한 시즌 만에 사로잡았다는 것이 바로 그것이었다.

93 2016/2017시즌
리그 최종전에서 확정 지은 챔스 복귀

클롭 감독의 두 번째 시즌이자, 그가 '풀시즌'을 이끈 첫 번째 시즌이었던 2016/2017시즌, 직전 시즌 리그 8위에 컵 대회 우승도 없었던 관계로 유럽 대회에 진출하지 못한 리버풀의 최고 당면과제는 챔피언스리그 복귀를 위해 리그 톱4의 자리로 복귀하는 것이었다.

리버풀은 그 목표를 위해 당시 사우스햄튼에서 폭발적인 모습을 보여 주고 있던 사디오 마네와 다재다능한 미드필더 베이날둠을 영입하는 등 전력을 강화했고, 개막전부터 아스널을 상대로 4골을 터뜨리는 화력을 선보이며 시즌 초반부터 리그 상위권을 유지해 나갔다.

새로 팀에 합류한 마네는 피르미누, 쿠티뉴 등 기존 선수들과 좋은 호흡을 보이며 빠르게 리버풀 팬들의 마음을 사로잡기 시작했다.

FA컵에서는 4라운드에서, 리그컵에서는 4강에서 탈락한 리버풀은 1월부터 2월 사이 단 1승에 그치는 등 불안한 모습을 보이기도 했지만, 3월 4일 아스널전에서의 3-1 승리를 기점으로 다시 경기력을 회복하며 마지막까지 리그를 4위 안으로 마치는 데 총력을 다했다.

결국 리버풀은 벵거 감독이 이끄는 아스널과 마지막 라운드까지 이어진 4위 경쟁에서 베이날둠, 쿠티뉴, 랄라나의 골로 미들스브로에 3-0 승리를 거두며 4위로 리그를 마무리했다. 반대로, 벵거 감독의 아스널은 벵거 부임 이후 단 한 번도 4위권을 벗어난 적이 없었던 '신화'가 무너지며 벵거 감독의 아스널 재임 기간에 결정적인 타격을 입게 된다.

94 2017/2018시즌
‘이집트 킹’ 살라와 반 다이크 영입

직전 시즌 마지막 라운드에서 챔피언스리그 복귀를 확정 지은 리버풀은 2017/2018시즌 중요한 영입을 연거푸 성사시키며 새 시즌의 전망을 밝혔다. 이 시즌 여름과 겨울 이적시장을 통틀어 리버풀은 레프트백 로버트슨, 미드필더 옥슬레이드 챔벌레인 등을 데려왔지만 무엇보다 가장 중요했던 영입은 여름 이적시장에서의 ‘이집트 킹’ 모하메드 살라와 겨울 이적시장에서의 중앙 수비수 반 다이크의 영입이었다.

특히 과거 첼시에서 그리 성공적이지 못한 시즌을 보냈던 살라는 리버풀 입단 직후부터 리그 내에서는 물론 유럽 최고의 공격수로 발돋움하며 기존에 리버풀에서 점점 더 좋은 모습을 보여 주던 피르미누, 마네 등과 함께 유럽 최고 수준의 공격진을 형성했다. 살라는 결국 이 시즌 리그에서만 32골을 득점하며 앨런 시어러, 크리스티아누 호날두, 루이스 수아레스가 보유하고 있던 프리미어리그 한 시즌(38경기 기준) 최다 골 기록을 새로 썼다.

겨울 이적시장에서 7,500만 파운드라는 수비수 역대 최고 몸값을 지불하고 반 다이크를 영입한 것은 리버풀이 최고 수준의 선수에게는 과감한 투자를 한다는 것을 분명하게 보여 주었다. 반 다이크의 입단 초기 그에게 지불한 이적료가 너무 과도한 것이 아니냐는 우려의 목소리도 있었지만, 그는 입단 직후 리버풀의 지속적인 약점으로 불렸던 리버풀 수비진을 단숨에 강화하며 성공적인 영입이라는 평가를 받게 되었다.

모하메드 살라

위 두 선수와 기존 선수들의 맹활약 속에 리버풀은 지난 시즌보다 수월하게 4위로 시즌을 마감했다.

그러나 이 시즌 리버풀의 하이라이트는 리그가 아닌 챔피언스리그였다.

95 | 2018년 5월
통한의 챔스 결승

2018년 5월, 우크라이나에서 리버풀 대 레알 마드리드의 챔피언스리그 결승전이 열렸다. 이미 지난 두 대회에서 챔피언스리그 우승을 차지했던 레알 마드리드는 중요한 순간마다 최고의 활약을 보여 준 호날

2017/2018 챔피언스리그 결승전 리버풀 선발 스쿼드

두를 필두로 3연속 챔스 우승을 노리고 있었다. 한편 결승전에 오르면서 리그 내 최고의 활약을 펼치던 과르디올라 감독의 맨시티를 꺾은 리버풀은 호날두, 메시에 필적할 만한 경기력과 골 결정력을 보여 준 살라를 앞세워 여섯 번째 챔피언스리그 우승을 차지하겠다는 각오와 자신감을 갖고 경기를 시작했다.

경기 초반 기선을 제압한 것은 리버풀이었다. 리버풀은 챔스 최강자 레알 마드리드를 상대로도 오히려 더 많은 공격을 펼치고 우세한 경기를 전개하며 우승이 가능할 것만 같은 모습을 보여 주고 있었다. 그러나 전반 30분경 아무도 예상하지 못했던 사건이 발생하며 경기의 분위기는 크게 달라지기 시작했다.

리버풀 에이스 살라와 레알 마드리드 주장 겸 핵심 수비수 라모스가 볼을 경합하던 과정에서 엉켜 넘어졌고, 그 직후 살라가 어깨 부상으로 인해 더 이상 경기를 뛸 수 없게 된 것이었다. 최고의 무대에서 예기치 않게 중도 교체되어야 했던 살라는 눈물을 흘리며 교체 아웃됐고 리버풀 팬들은 모두 불안한 마음으로 그 모습을 지켜봤다.

양팀의 전반전이 0-0으로 마무리된 후 이어진 후반전 6분, 또 한 번 아무도 예상치 못한 상황에서 레알 마드리드의 선제골이 터졌다. 리버풀 골키퍼 카리우스가 손으로 던져 주려고 했던 볼을 레알 마드리드 공격수 벤제마가 가로채 그대로 텅 빈 골문에 넣은 것이었다. 한 시즌의 챔피언스리그 우승자를 가리는 경기에서 나온 실수라고 하기엔 너무나도 큰 실수였고, 실제로 카리우스는 이 골을 내준 직후 평정심을 잃은 듯한 모습을 보였다.

결승전 종료 후 눈물을 흘리는 카리우스

실망스러운 실책으로 선제골을 내줬으나 리버풀은 그대로 무너지지 않았다. 마네가 4분 만에 동점골을 터뜨리며 다시 한 번 분위기 반전을 노릴 수 있는 상황을 만든 것이었다. 그러나 후반전에 교체 투입된 레알 마드리드의 가레스 베일이 내리 두 골을 넣으면서 리버풀은 1-3 석패를 당했다.

경기가 끝난 후 리버풀 골키퍼 카리우스는 리버풀 팬들 앞에 가서 인사를 하는 순간 결국 참지 못하고 눈물을 흘렸다. 그는 경기가 모두 끝나고 리버풀로 돌아온 직후 비행기에서 내리는 순간에도 얼굴을 가린 채 내리는 등 크게 낙심한 모습을 보였는데, 그로부터 약 2주 후 그가 경기 중 라모스와의 충돌 장면에서 뇌진탕을 당했고 그 상태로 결승전을 치렀다는 사실이 밝혀지면서 다시 한 번 화제가 되기도 했다.

챔피언스리그 준우승은 물론 아쉬운 결과였지만, 이 시즌은 리버풀에게 결코 아쉬움만 남은 시즌은 아니었다. 새로운 리버풀의 '킹'으로 떠오른 살라, 리버풀 유소년 팀 출신으로 이 시즌 중 1군 선수로 성장한 알렉산더 아놀트, 살라와 더불어 최고의 공격진을 형성한 피르미누와 마네, 수비의 핵심으로 자리 잡은 반 다이크 등등…

클롭 감독의 지도 아래 리버풀은 수많은 포지션에서 강점을 가진, 팀 고유의 정체성을 되찾은 매력적인 팀으로 거듭났다.

96 | 57년 만의 개막 후 6연승과 앞으로도 이어질 리버풀의 도전

2018/2019시즌, 리버풀은 시즌 개막 후 모든 대회를 통틀어 6경기 동안 전승을 기록하며 무려 57년 만에 개막 후 6연승을 기록했다. 이는 물론 그 자체로도 뛰어난 기록이지만, 57년 전이 리버풀의 역사에 어떤 일이 벌어졌던 시기였는지를 생각해 본다면 그 의미가 더욱 남다르다.

57년 전 1961/1962시즌은 이 책의 3챕터에서 소개한, 빌 샹클리 감독이 리버풀에서 리빌딩을 시작하고 팀을 1부 리그로 승격시켰던 시즌이었다. 즉 '리버풀의 시대'가 열리기 시작했던 바로 그 시점이었다.

2018년 10월 15일 기준으로, 클롭 감독의 리버풀은 8번의 리그 경기에서 6승 2무를 기록하며 맨시티, 첼시와 공동 1위에 올랐다. 공격, 미드필디, 수비까지 선수단 전체에 큰 흠이 없는 선수단, 거기에 클롭 감독의 스타일이 완전히 팀에 녹아 들었다는 점 등을 고려할 때 이번 시즌이야말로 리버풀이 염원하는 리그 우승에 도전할 적기라는 것이 많은 전문가들의 분석이다.

이 책을 모두 읽은 독자들이라면 리버풀이 최고의 경기력으로 시즌을 출발했다고 해서 시즌 내내 그 성적이 그대로 이어진다는 보장이 아니며, 반대로 리버풀이 한 동안 부진을 겪는다고 해서 그 시기 또한 영원히 이어지지 않을 것이라는 점을 이해하리라고 생각한다. 모든 클럽에는 상승세와 하락세로 표현되는 '흐름'이 있다. 그러므로 아직 시즌 초반인 10월에 그들의 우승 가능성에 대해 평가하는 것은 큰 의미가 없는 일일지도 모른다.

그러나 한 가지는 아주 분명하고 또 긍정적으로 보인다.

위르겐 클롭이라는 감독의 지도 아래, 리버풀은 마치 과거 제라드처럼 그들의 정체성을 경기장 위에서 경기력으로 보여 줄 수 있는 분명한 선장을 만난 것으로 보인다. 이 책을 저술하면서 만난 안필드 장내 아나운서 조지 셉튼은 클롭 감독과 리버풀의 정체성에 대해 다음과 같이 말했다.

> 샹클리 감독이 떠난 후로 리버풀의 정체성은 전혀 바뀌지 않고 그때 그대로다. 리버풀은 그 어떤 클럽보다도 연대감과 공동 의식이 중요한 클럽이다. 그리고 클롭 감독은 그것을 완벽하게 이해하는 사람이다.

『누구보다 첼시 전문가가 되고 싶다』, 『누구보다 맨유 전문가가 되고 싶다』, 『누구보다 아스널 전문가가 되고 싶다』 그리고 『누구보다 리버풀 전문가가 되고 싶다』까지 100년이 넘는 네 클럽의 역사를 조사하고 저술한 경험을 살려 큰 그림으로 돌아보자면, 잉글랜드의 명문이자 빅클럽이라고 볼 수 있는 클럽들의 경우 20여 년간 전성기를 보낸 후 20년 정도의 침체기를 겪고 또 다시 상승세를 타는 일종의 흐름이 존재하는 것도 사실이다(물론 산술적으로 정확히 나눌 수 있는 것은 아니지만). 그런 큰 흐름으로 봤을 때, 1985년까지 클럽의 최전성기를 누렸던 리버풀이 다시 잉글랜드 축구 정상에 올라갈 시기가 됐다고 볼 수도 있다.

과연 2018/2019시즌이 그 반환점에 해당하는 시즌이 될지, 클롭 감독이 리버풀의 재부흥을 이끌 감독이 될지, 또는 어느 시점에 리버풀에 달글리쉬, 제라드의 뒤를 이을 '영웅'이 등장할지는 오직 시간만이 답해줄 일이다.

그러나 단 한 가지 분명한 사실은, 리버풀은 성공의 시기에도 실패의 시기에도 포기하지 않고 계속해서 앞으로 걸어가리라는 것이다. 샹클리, 페이슬리, 달글리쉬의 영광을 거쳐 축구계 최고의 비극으로 불리는 힐스보로 참사를 이겨 내고 제라드의 시대를 지나 지금까지 이어져 온 것처럼, 결코 '혼자'가 아니라 '함께'(YNWA).

그런 의미에서 리버풀의 역사와 정체성을 담은 이 책은 여기 '96'장에서 마감한다.

부록

리버풀 최다 경기 출전자 TOP 10

순위	이름	경기 수	득점
1	이안 캘러한	857	68
2	제이미 캐러거	737	5
3	스티븐 제라드	710	186
4	레이 클레멘스	665	0
5	에밀린 휴즈	665	49
6	이안 러쉬	660	346
7	필 닐	650	59
8	토미 스미스	638	48
9	브루스 그로벨라	628	0
10	앨런 핸슨	620	14

리버풀 팬들이 선정한 가장 위대한 리버풀 선수 TOP 20

순위	이름
1	스티븐 제라드
2	케니 달글리쉬
3	이안 러쉬
4	로비 파울러
5	루이스 수아레스
6	제이미 캐러거
7	존 반스
8	빌리 리델
9	페르난도 토레스
10	사미 히피아
11	그레엄 수네스
12	앨런 한슨
13	사비 알론소
14	마이클 오웬
15	에밀린 휴즈
16	로저 헌트
17	레이 클레멘스
18	더르크 카윗
19	케빈 키건
20	스티브 맥마나만

리버풀 최다 득점자 TOP 10

순위	이름	경기 수	득점
1	이안 러쉬	660경기	346골
2	로저 헌트	492경기	286골
3	고든 호지슨	377경기	241골
4	빌리 리델	534경기	228골
5	스티븐 제라드	710경기	186골
6	로비 파울러	369경기	183골
7	케니 달글리쉬	515경기	172골
8	마이클 오웬	297경기	158골
9	해리 체임버스	339경기	151골
10	잭 파킨슨	220경기	130골

리버풀 주요 대회 우승 연혁

대회	우승 횟수	우승 시즌
유로피언컵 (챔피언스리그)	5	1976/1977, 1977/1978, 1980/1981, 1983/1984, 2004/2005
1부 리그	18	1900/1901, 1905/1906, 1921/1922, 1922/1923, 1946/1947, 1963/1964, 1965/1966, 1972/1973, 1975/1976, 1976/1977, 1978/1979, 1979/1980, 1981/1982, 1982/1983, 1983/1984, 1985/1986, 1987/1988, 1989/1990
FA컵	7	1964/1965, 1973/1974, 1985/1986, 1988/1989, 1991/1992, 2000/2001, 2005/2006
리그 컵	8	1980/1981, 1981/1982, 1982/1983, 1983/1984, 1994/1995, 2000/2001, 2002/2003, 2011/2012
UEFA컵	3	1972/1973, 1975/1976, 2000/2001
UEFA슈퍼컵	3	1977년, 2001년, 2005년

* 참고 문헌 및 영상 자료

- 리버풀 FC 공식 홈페이지 역사 세션
- 『LFC 125 : The alternative history : Official Liverpool history』
- 『리버풀 FC 컬트 히어로즈』
- 『레드 오디세이』
- BBC 다큐멘터리 〈Kenny〉
- BBC 〈The Story Of The Kop〉
- 스카이스포츠 〈Liverpool – Documentary (Football's Greatest Teams)〉
- 스카이스포츠 〈빌 샹클리 다큐멘터리〉
- 스카이스포츠 〈밥 페이슬리 다큐멘터리〉
- 스카이스포츠 〈스티븐 제라드 다큐멘터리〉

그 외 주요 시즌 리뷰 영상

Liverpool FC